介護施設の花嫁

～「愛」と「笑い」の場 ソレアード物語～

著 公認会計士 八上俊樹

まえがき

皆さんは介護施設と聞いて、どんなイメージを思い浮かべるだろうか。

ご老人が集まっている場所。

「介護保険」というものが使われているところ。

最近色んな所で見かける。増えている気もする。

そこで働く人たちは、仕事がキツそうだ。給料はどうなんだろう……？

こんなところだろうか。

介護のことをあまりご存じない方も、高齢化社会を突き進む日本にとって、とても大事な業種であるということは理解しておられると思う。

でも、どちらかというと「明るい」とか「楽しい」とか、そういうポジティブなイメージは沸《わ》きづらいのではないだろうか。


皆さんに紹介したい介護施設がある。

名前は、ソレアードという。

埼玉県内に6つほど施設を運営している。その数は少なくはないが、大手というほどのグループ規模でもない。

ソレアードは介護保険制度ができてほどなく、介護施設としてのサービスを始めた。その意味では、十数年前のいわゆる「介護ブーム」と共に生まれた施設のひとつだ。そのような施設には、その後消えていったところも多い。

だが、決して大きくはないソレアードが消えることなく続けてこられたのは、他にない価値があるからだ。

僕はそのことに、最近になって気付いた。

実は、僕はソレアードに顧問として関与する公認会計士である。

専門領域が全く異なるためか、長年に渡り関わっていながら、恥ずかしいことにその価値をきちんと理解していなかった。

しかしその価値に気付いた今、僕は自信を持って言える。

この施設、他とはちょっと違う、と。

なんというか、楽しく、あったかいのだ。だから、人が集まってくる。

だって、介護施設でスタッフの結婚式がおこなわれるなんて、おそらく他の施設にはない。施設の中で、利用者が亡くなった後もずっと、皆でその方の犬を代わりに飼っているなんてことも、多分ないだろう。

そんな、あったかい人々、あったかい「笑い」と「愛」「感動」「感謝」で日々いっぱいのソレアード。

本書は、ソレアードがこれまで歩んで来た軌跡の中で、小さな奇跡のようなエピソードをいくつか集めたものだ。

本書をお読みくださった方には、こんなちょっと変わった介護施設の、ちょっと変わったエピソードを通じて、少しの驚きと共に心温まる思いになっていただければ幸いである。

介護施設の花嫁〜「愛」と「笑い」の場ソレアード物語〜

◇◆◇　目　次　◇◆◇◆◇◆◇◆◇◆◇◆◇◆◇◆◇

◆まえがき……2
◆第1章　「集いの場」の結婚式……9
＜笑顔のショートストーリー　その1＞委員長について……30
◆第2章　みんなのアイドル……41
＜笑顔のフォトギャラリー　その1＞実は、猫もいます……65

◈第3章　感動の鉄人たち …… 71
〈笑顔のショートストーリー　その2〉かぶりもの列伝 …… 94
◈第4章　感謝を糧に　見送る想い …… 105
〈笑顔のフォトギャラリー　その2〉ソレアード　四季のアルバム …… 132
◈第5章　お師匠様たちからのことば …… 137
◈あとがき …… 158
〈ソレアードについて〉 …… 165

第１章　「集いの場」の結婚式

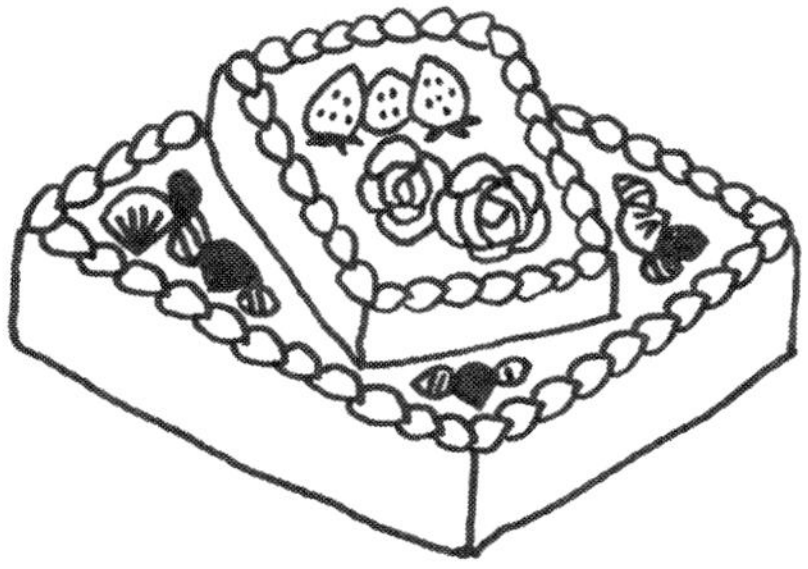

3月のある日。

とある男女の新たな旅立ちを祝うため、結婚式が開かれた。会場は、ソレアードという介護施設だ。新婦の職場である。埼玉県の鴻巣にある施設の1階フロア全体が、その日限りの結婚式場になった。

新郎新婦を祝うために集まったのは、同じ施設で働く同僚や、ソレアードグループの他の施設職員たち。さらにグループの代表や役員たち、その施設で暮らす利用者の皆さんも、参列者として加わった。厳密には、当日参列した利用者は、主催者側の立場でもあった。

この結婚式は、ある利用者からの発案で開催することになったのだ。そして利用者と施設のスタッフが力を合わせて準備を重ねたからこそ、実現したのである。

埼玉県鴻巣市は、北関東の気候が強い地で、３月中旬では日中でもまだ、はっきりとした寒さを感じる日のほうが多い。でも、結婚式が開催されたこの日は、柔らかく暖かな日の光がとても心地よい一日だった。この日のために努力した利用者とスタッフの想いが、きっと天に届いたのだろう。

そこに集う人たちの心をやさしく包み込む、幸せな一日が始まった――。

さて、結婚式の様子について詳しく語る前に、どうしても書いておかなければならないことがある。新婦ヨウコさんのことだ。

日頃から介護という仕事に誇りを持って真摯に取り組んでいる、とても素敵な女性だ。ただ、他の女性とは違うユニークな人生を歩んできた。

彼女はなんと、ウェイトリフティングの学生世界チャンピオンになったことがある、超一級のアスリートだったのである。

ヨウコさんの、アスリートとしてトップを目指す姿勢の原点は、中学時代までさかのぼる。中学時代、彼女はソフトボールの選手だった。全国の頂点を目指してハードな練習にいそしむ日々だったが、関東大会レベルで敗退し、全国大会の舞台まで進むことはできなかった。こうして悔しい思いを抱えながら高校受験を迎えることになったのだが、高校を選ぶ基準となったのが「日本一になれる学校に進学したい！」という思いだった。彼女が選んだのは、県内でスポーツが盛んで有名な学校だ。

その学校で、彼女はウェイトリフティングに出会う。この競技なら、頂点を目指して頑張りがいがありそうだ、という手ごたえを感じたのだ。あまりなじみのないこの競技のことを熱心に説明してくれた、部の監督の人柄にも惹《ひ》かれたそうだ。

高校から始めたウェイトリフティングだが、もともとアスリートとして高い素質があったのだろう。ヨウコさんはメキメキと記録を伸ばしていった。そして高校３年生には全国選抜大会で優勝し、念願だった日本一の高みにたどり着く。

高校卒業後は、そのまま付属の大学に進学した。そして高校時代と同じ監督が指導するウェイトリフティング部で、競技生活を続けた。そこでも１年生から全日本選手権で優勝を飾り、また世界大学選手権優勝という輝かしいタイトルまで手にすることになった。とうとう日本一を通り越し、ワールドクラスのアスリートという地位にまで上り詰めた彼女。大学３年生で世界ジュニア選手権９位の成績を獲得し、選手としてのピークを迎える。

一方で、アスリートとしての生活は、犠牲をともなうものでもある。彼女は高校3年生の頃、右ヒジ脱臼という、ウェイトリフティング選手としては致命症にもなりうる大怪我を負った。大学時代は、その怪我と付き合いながら何とか競技生活を続けていた。だが、限界が近づいていたのだ。

ヨウコさんは、大学卒業後の進路としてそのまま大学院に進学し、ウェイトリフティングの指導者となる道をイメージしていた。そのため教員免許も取得していた。しかし右ヒジが悲鳴を上げ、競技に関わり続けることに限界を感じた彼女は、ウェイトリフティングの世界からは身を引き新たな世界に飛び込むという、とても大きな決断をすることになる。

その世界とは、福祉の業界だ。

実は、アスリートとして競技にまい進する一方で、社会問題にも以前から高い関心を持っていた彼女。特に福祉の分野は、中学時代から興味があったそうだ。だから就職活動は介護分野に絞って活動することに決めた。

そうして大学4年の夏、ソレアードグループに面接に訪れるのである。

採用当初ヨウコさんが行くことになったのは、現在の職場である鴻巣ではなく、同じ埼玉県の久喜にある、別の施設だった。そこで3ヶ月間みっちり、介護職員としての実務研修を積んだ。この研修期間は、自身にとってとても価値のある、大きい3ヶ月だったと、ヨウコさんは述懐している。職場の先輩たちや仲間たちから、厳しいながらも、やりがいの大きさと居心地の良さが両立する、素晴らしい環境を提供してもらえたのだ。そこで培《つちか》った介護職員としてのマインドが、その後の自分の血肉になっているという。

無事研修を終えたヨウコさんは、7月からいよいよ赴任地であるソレアード鴻巣に異動することになった。研修地である久喜とは違い、鴻巣では赴任当初から不安でいっぱいだった。与えられた役割は「生活相談員」兼「フロアリーダー」。まだ右も左も分からない大学卒業したての女の子にとって、その肩書きはとても重く思えたのだ。

また、実の母以上に年の差がある鴻巣のベテラン施設長チエミさんとも、最初はコミュニケーションに戸惑いを感じていた。数年後には母娘以上の強い信頼関係を築く二人であったが、当初は久喜時代ほどには上手く人間関係を築けないヨウコさんの姿があったという。

異動当初のヨウコさんはほぼ毎日、研修の地ソレアード久喜に電話していた。壁にぶつかるたびに、久喜で支えてくれた仲間の声を聞くことが救いになっていたのだ。

しかしヨウコさんは、次第に持ち前のアスリート魂を発揮。ほどなく職場の環境にも、与えられた役割にも慣れ、明るく率先して仕事に打ち込むようになった。そうしていつの間にか、施設にとってなくてはならない「エース級職員」として、利用者からも、周りのスタッフからも、さらにチエミ施設長からも、絶大な信頼を得るまでになったのである。

ヨウコさんのハートを射止めた男性のことも、触れなければならない。アキラさんは、同じウェイトリフティング部の大学時代の先輩だ。ヨウコさんが大学１年生の頃からのお付き合いだから、二人は長い付き合いということになる。

卒業後も二人はよい関係を積み重ねてきたが、アキラさんが柔道整復師の資格取得を目指して受験勉強にいそしんでいたこともあり、婚約はヨウコさんがソレアードに就職してから4年後の夏に、そして入籍はアキラさんの誕生日である翌年3月におこなわれることになった。

ヨウコさんが職場の上司であるチエミ施設長に結婚の話をしたのは、婚約から年が明けた1月のことである。実の娘のように思っていたヨウコさんの結婚を、チエミ施設長が喜ばないはずがない。そして少しずつ、ヨウコさんの幸せな報告が周囲に広がるようになった。

ここで、その知らせを聞きつけた一人の利用者が登場する。イハラさんだ。

イハラさんは、ソレアード鴻巣の中で、名物オヤジのような存在だった。ソレアードの職員にとってお客様というよりは、職員を指導する役割を担っていた人だ。ときに厳しく、ときに慈《いつく》しむように、職員一人ひとりに接する。そしてお気に入りの職員には特に目をかけて、利用者にどう接すればよいか身を持って教えてくれる、という人だ。

イハラさんは、ヨウコさんが赴任する前の生活相談員だったナミキさんという職員が大のお気に入りだった。なので、ナミキさんの後任として来たヨウコさんに対し、赴任当初は厳しく接することがあったという。そんなイハラさんのことが、ヨウコさんには怖い存在として映っていた。しかし徐々に信頼を得てから、イハラさんは直接ヨウコさんを指名し、相手をしてくれることになった。それ以来、ヨウコさんにとってイハラさんは、ソレアードにおけるおじいちゃんのような存在となっていったのだ。

イハラさんにとって、ヨウコさんの結婚はいわば「かわいい孫娘の結婚」。放っておけるわけがない。

「ヨウコが結婚するなら、結婚式はここでやってやらないといけないだろ！」

イハラさんは、チエミ施設長に直談判した。チエミ施設長は、二つの理由から、イハラさんからの提案に賛成した。

ひとつは、介護のプロとしての視点だ。日頃施設に暮らす高齢の利用者にとって、結婚式のようなハレのイベントは、なかなか出席する機会自体が少ない。だったら、スタッフの結婚式を開催し利用者に参列してもらうことは、滅多にできることではない最高のレクリエーションサービスになるはずだ、という考えである。

もうひとつは、いわば娘を愛する母の視点だ。自分が切り盛りするこの施設で、若いスタッフの結婚という門出の祝いをして新たな生活に送り出す、ということは、チエミ施設長が密かに思い描いていた夢だったそうだ。それが実現できるこの提案に、乗らない手はない。

それから開催日までの約２ヶ月、イハラさんの陣頭指揮で、結婚式に向けての準備が施設を挙げておこなわれることになった。

ここでもう一人、重要な人物が登場する。若い介護師、リサさんだ。

結婚式がおこなわれた当時は、リサさんはまだ20歳そこそこの若手スタッフだった。介護の経験も十分とはいえない。だが、そのリサさんを、イハラさんは結婚式準備委員会のアシスタントに任命した。リサさんの、イハラさんに付きっ切りで結婚式準備にいそしむ日々が始まった。

プログラムづくり、出席者の名簿と座席表づくり、当日の出し物の検討、皆で歌うオリジナルのお祝いソングの作詞作曲、式の進行表と台本の作成、イベント全体の演出……。これらの全てが、イハラさんからの指示のもと、リサさんが中心になって進められた。イハラさんから朝一番で、リサさんに声がかかる。二人はそこから一日、結婚式についての打ち合わせと準備作業だ。式の日が近づくにつれ、その輪は徐々に広がっていく。会場の飾り付けやその他の準備は、他の利用者が自主的に手伝った。最終的には、利用者、スタッフを問わず、施設の中で関わらなかった人はいなかったくらいだ。

そして迎えた当日。

ソレアード鴻巣には、ウェディングドレスを身にまとった花嫁の姿があった。寄り添いながらそれを見つめる新郎の姿も。

結婚式は新郎の入場から始まった。次に新婦の入場。付き添いは「新婦にとっておじいちゃんのような存在」のイハラさんである。

オリジナルの賛美歌が歌われた後、立会人のチエミ施設長による誓約の儀

式と指輪の交換がおこなわれた。

新郎新婦が一度退場した後、お色直しを経て、披露宴となった。まず、グループ調理部門の総責任者であるハヤシ料理長が腕を振るったウェディングケーキへの入刀。その後、スピーチや、その日のために用意された詩の朗読、皆が練習に練習を重ねた歌の披露、そしてスピーチ……。利用者からの数々の出し物がおこなわれた。

家族でも親族でもない一人の施設職員のため

に、それぞれの利用者が率先して、当日までに余興の準備をしていたのである。

そしてヨウコさんの仲間であるスタッフたちからの余興を経て、最後に新婦から皆へ感謝を伝える手紙の朗読と、一人の利用者からの締めの挨拶があった。

この二つで、感極まった新郎の目からとうとう涙があふれ出した。

新郎アキラさんは、ヨウコさんの職場であるソレアードに対して、以前は少し戸惑いの気持ちがあった。日頃ヨウコさんが朝夕問わずに仕事に打ち込む姿を見て、楽な職場ではないな……という印象を持っていたからだ。ヨウコさんから仕事のことをよく聞かされてもいた。よい話ばかりではなく、むしろ悩みのほうが多いくらいだった。

だからヨウコさんの職場での結婚式、という提案自体に、最初は「受けるべきかどうか」と戸惑っていたのだ。

しかし終わった後での素直な感想は「こんなによくしてくれるとは、なんて温かい職場なんだろう……」というものだった。アキラさんにとっても、一生忘れられない、最高の思い出になったことだろう。

終了後、デイサービスの利用者は帰宅のため、いつもの通り送迎車でお送りとなった。ただ、いつもと違うことが、ひとつだけあった。

送迎用のマイクロバスに、新婦がウェディングドレス姿で同乗したのである。利用者の自宅に到着するたび、帰りを待っていたご家族から、驚きと共にお祝いの言葉が寄せられた。いつもの楽しく温かい送迎が、さらに温かみが増したような、そんな一日の締めくくりだった。

ヨウコさんは結婚式から２年ほど後に、愛娘サナちゃんを無事出産。一児の母となった。アキラさんも柔道整復師の資格を得て、今では整骨院に勤めながら順調にキャリアを積んでいる。でも、ヨウコさんはソレアードでの介護の仕事を辞めるつもりはない。それどころか、自分はまだまだ、と思うことが今でも多いという。生涯の仕事と決めた介護の仕事を、育児と両立させながら、これからも突き詰めていくつもりだ。彼女にとって、アスリートとして高い目標に向かい日々研鑽《けんさん》する少女時代の姿勢と、介護職員としての理想を追い求める現在の姿勢は、おそらく共通のものなのだろう。

彼女を母親のように包む、チエミ施設長の存在も大きい。ヨウコさんと同様に、チエミ施設長を慕うリサさんはじめスタッフもいる。リサさんは、今やヨウコさんの立場を引き継ぐ存在として仕事にはげんでいる。チエミ施設長には、密かに抱く次の野望がある。リサさんの結婚式も、ここで執《と》りおこないたいという願いだ。でも、若いリサさん、結婚はまだ先のようだ……。

ヨウコさんは、施設にいるとつい仕事を忘れ、実家の母親や兄弟姉妹と一緒にいるような感覚になることがある。そのような場所にサナちゃんを連れて行くと、ますます施設が「孫や姪っ子に目がない両親や親類のいる実家」のような空気に包まれる。利用者たちも一緒になってサナちゃんの相手をする。サナちゃんにとっては、利用者はひいおじいちゃん、ひいおばあちゃんみたいなものだ。

ソレアード鴻巣は、そんな血縁以上のつながりのある人たちの「集いの場」として、居心地のよい場所であり続けるのだろう。

今日も、そしてこれからも。

笑顔のショートストーリー

その１

委員長について

ソレアード久喜には、歴代の「委員長」がいる。

といっても、スタッフたちが勝手にそう呼んでいる人が、施設の歴史の中に数人いる、というだけの話だ。

委員長と呼ばれるのは、その施設の中で皆の尊敬を集め、自然とまとめ役になってくれるような人格者である。要するに人望が厚く、学級委員長のような人、という敬意を込めた呼び名だ。

そんな歴代委員長の中でも、これからご紹介するのは、2代目委員長についての話。

2代目委員長は、社会的にかなりの功を成した人だ。今でも残っている有名なスポーツ誌の初代編集長となり、その後はそのスポーツ業界の連盟トップの職を務めるなど、数々の重責を担った。つまりは、業界の重鎮、といった地位に長年いた人である。

しかしソレアードに入所してからは、そのような過去の栄光をひけらかすことなく、穏やかに日常を過ごしていた。その落ち着いた風格と言行は「紳士」を絵に描いたようである。

そんな委員長だが、時々お茶目な一面ものぞかせてくれることがある。

ある日、委員長がスタッフにこう言った。

「世間には、100円でなんでも売っている便利な場所があるらしいですね」

「ああ、それは100円ショップですね。委員長、ご存じないんですか？」

「ええ、是非一度行ってみたいですねぇ……」

「任せてください！　いつでもお連れしますよ」

さすが委員長、100円ショップという庶民的な形態の店に行ったことがないらしい。スタッフが同行して、近くの100円ショップに行くことになった。

委員長にとって、見るもの全てが新鮮だったようだ。嬉々として店の中を回っていた。でも、目的が買い物ではなく「100円ショップに行くこと」だったためか、最終的には駄菓子コーナーでちょっとしたお菓子を2つ手にとり、レジに向かった。

「お会計は216円になります」

そう言うレジのお姉さんに、委員長がおもむろに懐から

「会計は、これが使えるかね？」

といって差し出したものが……

クレジットカードだ。しかも、プラチナカード！

お姉さんが目を丸くして、固まってしまったことは言うまでもない。

（さすがセレブの委員長！）

（でも100円ショップでの買い物で、プラチナカードはムリでしょ……）

同行のスタッフがなりゆきを心配していると、委員長がレジのお姉さんの姿を見て

「ダメなら現金で支払いますよ」

と、結局財布から小銭を出して支払いを済ませた。

だが、スタッフは見逃さなかった。財布から小銭を出すためにうつむいているとき、うっすらと笑みを浮かべている委員長の横顔を。

あれは俗世間を知らないが故の行動だったのか。それとも、わざとやったいたずらだったのか。委員長の真意は、さだかではない……。

また、これは別の日。

委員長、今度は新聞のチラシを見て

「このチラシのお店に、今度行ってみたいですねぇ」

と言った、その店は回転寿司屋だった。

委員長、お皿が回るお寿司屋さんには行ったことがないらしい。現役時代に寿司といえば、回らない高級店ばかりだったようだ。それならば、と委員長の奥様に相談し、一度お店に行きましょう、ということになった。その上、奥様からは軍資金まで提供してもらうことになった。委員長がそのような形で外食するのはなかなかできなくなっていたので、奥様も提案に喜んでいただけたのだ。

委員長とスタッフ3名の計4名、喜びいさんでチラシの店に行った。店に入り、スタッフが

「委員長、何でもご注文ください！　僕たちが伝えてきますから！」

と話したところ、開口一番

「それではお酒を……！」

委員長、お寿司が食べたくてこの店に来たんじゃないの……？

どうやら、単にお酒が飲みたかったらしいのだ。奥様にそのように言うのは憚《はばか》られるので、回転寿司をダシに使ったようだ。

それからは、飲みすぎには注意しながらも、スタッフも交えたちょっとした宴会が回転寿司屋で何度も繰り広げられたことは、いうまでもない。

ソレアードのスターたちは、真面目な人格者なだけでなく、お茶目で愛らしい一面も持ち合わせているらしい……。

委員長の「回転寿司宴会事件」が起きて以来、なぜかソレアードで回転寿司ブームが起こってしまいました。とうとう施設のお食事会で、お手製の回転寿司屋さんをやることに……。

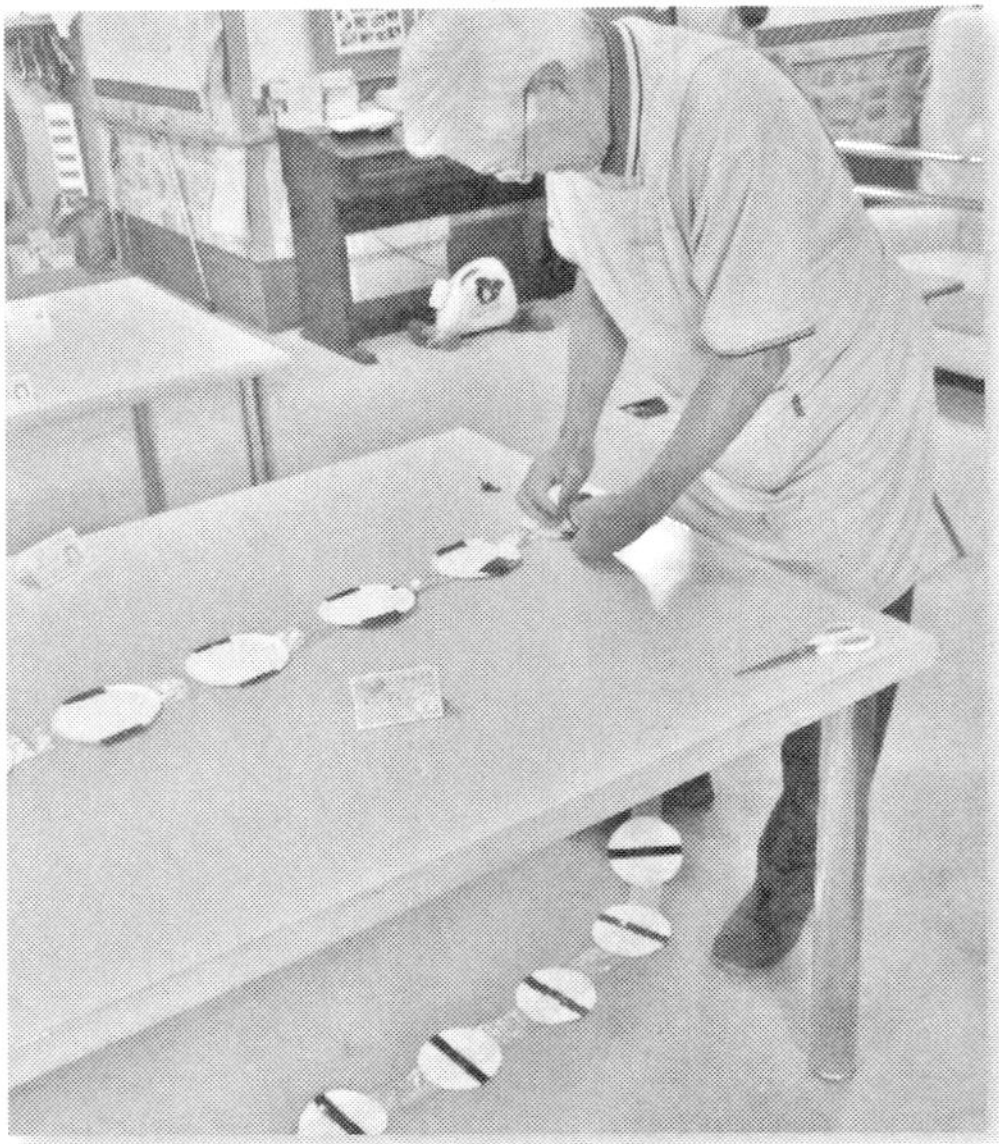

自家製回転寿司①

レーンづくり。
職員が一所懸命準備します。

自家製回転寿司②

待ちに待った回転寿司ソレアード、開店です！
どうですかお客さん？ いっぱい食べてくださいね！

自家製回転寿司③

皆さん大喜び！ ……でもその時テーブルの下ではこんな苦労が（汗）

第2章　みんなのアイドル

ソレアード幸手には、アイドルがいる。しかしそれは人ではない。

名前はダイちゃん。一匹の犬だ。

柴犬でも名のある洋犬でもなく、今風の呼び方である「ミックス犬」でもない。いわゆる、昔ながらの雑種犬だ。

年齢も正確には分からない。推定では15歳ほどだという。人間の年齢に当てはめると、大体80歳だ。となるとまあ、施設の利用者と同じか、場合によっては先輩にあたる、高齢の犬だ。

そんな高齢犬ダイちゃん、とにかく皆から愛されている。施設のスタッフ、利用者、またソレアードの他の施設スタッフからも愛情を受けながら、毎日過ごしている。それだけではない。ご近所の人からも、散歩途中で出会えばいつも声をかけられる。地域ぐるみで愛されている存在なのだ。

ここまで読んでいただいて、こんな疑問を持たれる方もいるだろう。

「どうして介護施設に犬がいるのか」

介護施設には「アニマルセラピー」といって、動物との交流を通じて、利用者に癒《いや》しを提供するサービスをおこなうところがある。だが、ダイちゃんはそのような目的で飼われている犬ではない。大体アニマルセラピーをしている施設でも、サービスを提供する業者に委託し、定期的に犬を連れてきてもらう、というやり方がほとんどだ。セラピーのために犬を飼う施設なんて皆無だろう。

ダイちゃんがソレアード幸手に来た理由には、ちょっとしたいきさつがある。そして実は、今のように誰からも愛されるようになるまでにも、紆余曲折《うよきょくせつ》があったのだ。ここでは、ダイちゃんが施設のアイドル犬として、幸せな生活を送るようになるまでの話をご紹介したい。

ダイちゃんは、コサカさんという女性利用者が飼っていた犬だ。

施設に入所する前は、ご主人に先立たれ、ダイちゃんと二人（？）暮らしだった。ダイちゃんはコサカさんのご主人が世話をしていた犬で、ご主人がご存命中、コサカさん本人はあまりダイちゃんに関わってはいなかったらしい。なので、コサカさんとダイちゃんの関係は、周りから見ても少し不思議な関係だったようだ。なんというか、仲がいいのか悪いのか、よく分からない……そんな関係だ。

　コサカさんが健康上の理由から一人暮らしが難しくなり、ソレアードへの入所を余儀《よぎ》なくされた際、当然テーマに挙がったのがダイちゃんのことだ。

　通常、独居のご老人が介護施設に入所する場合、その飼い犬はどうなるか。普通であれば、飼い主の方に身寄りがなく他に引き取り手がいなければ、保健所に引き取られていくというのが多くのパターンだろう。その先どうなるか……敢《あ》えて言わずにおく。

　入所前に介護施設が必ずおこなう実態調査のため、タカハシ施設長がコサカさんの自宅を訪問した際、もちろんダイちゃんのことが目に入った。コサカさんは、自分から入所を希望されたわけではない。健康上の理由で、コサカさんを担当していた地域のケアマネージャーからソレアードへの入所を強く勧《すす》められていた、というのが事実だ。

コサカさんは自宅で過ごすことを強く望んでいて、最終的に入所を受け入れた後でも何度か自宅に戻りたいと強く訴えていた。入所後、あまりにもその訴えが強いときは、タカハシ施設長がコサカさんを自宅だった賃貸住宅に連れて行ったことがあった。その、既に引き払われて何もない様子を一緒に見て、コサカさんに諦《あきら》めてもらうようにうながしたのだ。その際には、旧宅に向かう車に必ずダイちゃんも一緒に乗せて……。

そう、ダイちゃんは、コサカさんが入所するとき一緒にソレアードにやってきたのだ。

実態調査をおこなったタカハシ施設長とグループ介護責任者の間で、ダイちゃんをどうするかが課題となった。最終的にはグループの代表が、ダイちゃんも一緒に引き取ることを了承した。保健所に引き取られていくなんて……そんな運命をとても受け入れられなかった、というのが、そのとき関わったメンバーの共通の想いだった。

もちろん、犬を受け入れるには、乗り越えなければならない壁がいくつかあった。まずは、他の利用者やそのご家族の理解を得られるか、というものだ。これには当然のように、他の利用者のご家族からクレームがあがった。

「吠えてうるさくなるようなことは受け入れられない」

「衛生上の対応は、本当に大丈夫なのか」

などなど……。

受け入れを決めた日から、タカハシ施設長をはじめとして、スタッフ一人ひとりによる、他の利用者とそのご家族に向けての粘り強い説明と説得の日々が始まった。その努力のお陰で、何とか承服を取り付けるまでたどり着いたのである。

こうしてコサカさんと一緒に入所することになったダイちゃんだが、ここでもうひとつ大きな壁が立ちふさがった。ダイちゃんが、極度の人見知りだったのである。いや、対人恐怖症といってもいいかもしれない。入所当初は、施設の環境と、そこにいるコサカさん以外の人間に、全くなつかなかった。

そのようなこともあり、ダイちゃんの居住場所は、コサカさんが入所した３階の一室の中、ということになった。室内飼育である。そのことが、他の利用者の家族が持つ不安をまたかき立てる結果となったりもしたのだが、それ以上に大変だったのがダイちゃんのしつけである。

入所当初は、コサカさん以外の人間に対してとにかく攻撃的だった。他の人の気配が近くに感じられるだけで「ウウーーッ！」と唸《うな》り威嚇《いかく》することは序《じょ》の口だった。近づいてうっかり手を伸ばせば、噛《か》もうとすることさえあった。タカハシ施設長も、何度も噛まれそうになってヒヤヒヤしたことがある。だからダイちゃんの世話は、コサカさんしかできなかった。ダイちゃんがソレアードで住む以上は、コサカさんの部屋に同居するより他に選択肢はなかった。

そうしてしばらくは、コサカさんの部屋の中で、コサカさんだけと接触するような日々が続いた。だが、日々の生活の中で、必ず部屋の外に出ることがある。

そう、散歩だ。

他の犬と同様に、散歩が大好きなダイちゃん。散歩に行くときだけは、コサカさんの部屋から出て1階に降り、外に出るまでの間、他の人の気配が周りにあっても威嚇することはなく、嬉々として外に向かっていった。

散歩は、ソレアードのスタッフが必ず付き添っていた。健康に不安があるコサカさんを、単独で外出させるわけにはいかないからだ。それならば散歩の機会を通じてダイちゃんとの距離を縮めようと、タカハシ施設長をはじめとした施設の全スタッフによる、これまた粘り強い努力が積み重ねられた。

その結果、最初は大好きな散歩でも、少しでも機嫌を損ねると付き添いのスタッフを威嚇したり吠えたりしていたダイちゃんが、数ヶ月の間に次第にスタッフがリードを持つのにも慣れ、吠えたり威嚇したりといった行動を取ることがなくなっていった。

そうしてダイちゃんは入所後１年ほどして、他の利用者と一緒に散歩に行くまでに、施設の環境になじむようになったのである。

ここで、コサカさんに話を戻す。

コサカさんは、ある種の名物おばあさんだったそうだ。地域によくいる、かなりうるさ型で鳴らしたおばあさんだったらしい。そのおばあさんの飼い犬であるダイちゃんとの関係も、前述のように少々特徴的だったようだ。いつもぶつかり合っているような、日々お互いがお互いの文句を言い合っているような、母と息子のような関係を想像してもらえればいいだろうか。

ともすれば、もとはご主人がかわいがっていたダイちゃんの世話をご主人亡き後自分がしなければならなくなったコサカさんが、イヤイヤ飼っているようにも見えなくなかったらしい。コサカさんは、ときに周りが見ていて少し心配してしまうほどに、ダイちゃんに厳しく接した。それでも、いつも寄り添うように生きてきたコサカさんとダイちゃん。その関係は、ソレアードに一緒に入所してからも、変わることはなかった。

周りの利用者や、施設のスタッフとの距離が縮まってからも、やはりダイちゃんはコサカさんのそばを離れることはなく、いつでも一緒だった。そこには、やはりコサカさんとダイちゃんの間にだけ存在する、とても強い絆のようなものがあったのだろう。

そんなダイちゃんの暮らしに、大きな変化が訪れるときが来た。コサカさんが脚に怪我をして病院に行くことになったのだ。診察の結果は骨折だった。施設に戻ったコサカさんは、動くことも、自分で食事することも、何もかもままならない状態。その日から、施設のスタッフと看護師による、24時間の全力ケアが始まった。

そばにいるご主人様が、自分で身体を動かすのも自由にできない……。ダイちゃんにとってどんなに心配だったかは、想像するしかない。

しかしダイちゃんは、スタッフと一緒に、健気《けなげ》にコサカさんに寄り添い、回復を待った。もうそこには、周りを威嚇したり、ムダに吠えたり、噛み付いたりするような昔のダイちゃんではなく、皆に囲まれ、皆と一緒にコサカさんを見守るダイちゃんの姿があった。

しかし数ヶ月後、怪我をして以来徐々に弱っていったコサカさんに、最期の時が訪れた。スタッフが一生懸命声をかけても、もう反応しないコサカさん。そして息を引き取ったその瞬間、すぐ横のダイちゃんから「ウォーーーン」と、まるで慟哭《どうこく》のような鳴き声が聞こえた。

コサカさんを看取り終わった後も、ダイちゃんからは「クゥーン、クゥーン……」と、いつもと違う鳴き声がしばらく止むことなく続いた。悲しみに満ちた、でもそれに耐えて大切な人を見送るような声が。

ソレアードでは、利用者の部屋を、亡くなった後すぐ片付けてしまうことはない。経営的な視点から見れば、利用者が亡くなった場合すぐに退去してもらい、次の利用者になるべく早く入ってもらうほうが、空室が少なくなるのだから当然望ましいことだ。

でもソレアードという施設は、それをよしとしない。ご遺族の方々が、大切なご家族の死を受け入れ、落ち着いて退去していただけるようになるまで、部屋をそのままにしておくのである。

コサカさんの場合も、亡くなられた後にすぐ部屋を片付けることはしなかった。しかしコサカさんにはご家族がいなかった。配慮しなければならない相手がいなかったのに部屋を片付けなかった理由は、いうまでもなくダイちゃんの存在である。

そもそも、コサカさんが亡くなられた際「じゃあ飼い主がいなくなったダイちゃんを今後どうするのか」という話が出そうなものだ。実際、ソレアードの他の施設では、その話題が出ていたらしい。「コサカさんがいなくなって、ダイちゃんはどうするんだろうね」という心配の声だ。しかし当のソレアード幸手では、そのような声は誰一人からも出なかったそうだ。スタッフからも、他の利用者からも。

そんなわけで、コサカさんが住んでいたときの環境そのままに、ダイちゃんが部屋の主として過ごす日々が、しばらく続くことになったのである。

コサカさんが亡くなってもしばらくは部屋をそのまま使わせてあげたほうがいい、という判断は、誰かからの発案というわけではなく、スタッフも他の利用者も共通の、自然に湧《わ》き出た想いだったそうだ。だからタカハシ施設長も、想いを同じくする一人として、ダイちゃんをそのままコサカさんの部屋にしばらく住まわせるということを、自分の責任で決定した。

施設の環境になじむのにあれだけ苦労したダイちゃんなんだから、ダイちゃんだけになっちゃったけど部屋はそのまま使わせてあげようよ。お世話は皆で、交替でやれば大丈夫だよ……。

こんな発想の人たちだから「飼い主が亡くなったのでもう飼わない」なんて選択肢は、誰一人として、頭の端っこにも浮かばなかったらしい。

かくしてダイちゃんは、現在でもソレアード幸手で元気に日々を過ごしている。さすがにコサカさんが使っていた3階の一室を占拠することはなくなった。今では施設1階の共通フロアに組まれたゲージが、ダイちゃんの住まいになっている。

でも、そのことがよい方向に作用したことがある。日常の中で他の利用者と触れ合う機会が、以前より多くなったのだ。

朝、利用者が起きてフロアに出れば「おはよう、今日も元気かい？」とやさしくあいさつしてもらえる。日勤のスタッフが出勤すれば「ダイちゃん、今日も一緒に散歩に行こうね！」と声をかけられる。食事中、レクリエーションをしているとき、テレビを見ながらくつろいでいるひととき……。利用者の日常の中で、ダイちゃんが生活の中で息づく存在として、自然と、そして強く認識されることになっていった。その結果、施設内で全員から愛されるアイドルとしての、現在の存在感につながっていったのである。

今日もダイちゃんは大好きな散歩に行く。

以前は朝と夕方の２回、必ず散歩に行っていたのだが、最近は夕方の１回だけしか行かない日も増えるようになってきた。何せ推定15歳、人間の年齢で80歳ほどの高齢だ。さすがに寄る年波には……ということは正直否定できない。でも、散歩が大好きということには変わりはない。散歩当番が「ダイちゃん、散歩に行くよ！」と声をかけると、元気にゲージから出て行く。今日の担当はタカハシ施設長だ。散歩当番は出掛ける前、フロアにいる利用者に「今日ダイちゃんとご一緒に散歩に行く方、いらっしゃいませんかー？」と声をかける。すると、一人二人、多い日にはそれ以上の利用者から手が挙がる。そうしてその日の散歩のメンバーが決まり、ダイちゃんを先頭に嬉々として外に出かける。今日も散歩の始まりだ。

歩いていると、近所の住民の人から声をかけられる。

「今日も天気がよくてよかったね、ダイちゃん」

「今日はここまで来たのかい？　ずいぶん頑張ったね」

「今日はその辺りの草を食べたりしないほうがいいよ、昨日地主さんが除草剤まいたりしてたからさ。おなか壊したくないだろ？」

そんな温かい周囲の声を集めながら、散歩の一団はダイちゃんを中心に、今日も進んでいく。埼玉は幸手の、田んぼと住宅が入り混じった、散歩にはとてもよい環境の中を。

散歩の回数こそ減ったものの、散歩中のダイちゃんは至って元気だ。周囲の農道と、舗装路の間のちょっとした段差やスロープを、苦もなくリズミカルに超えていく。その姿は、人間でいえば80歳くらいの年齢とはとても思えない。凛としたダイちゃんの散歩姿に引っ張られ、同行する利用者も、同じように段差やスロープを元気に乗り越えてしまう。

アイドルとは、それを見ている人たちを元気にするような存在のことを言うのだと思う。ダイちゃんがまさにそうだ。

スタッフといわず、利用者といわず、施設全体を元気にする。近所の人たちまで明るい気持ちにする。そんな存在のダイちゃんを皆が愛してしまうのは、当然のなりゆきである。

最近、少しだけ悩みがある。コサカさん亡き後に、利用者の中で特にダイちゃんを気にかけて、かわいがっているイグチさんという利用者がいる。そのイグチさんが、あまりのかわいさゆえに、しばしば予定外のおやつをダイちゃんにあげてしまうのが、目下の悩ましいことだ。高齢犬となったダイちゃん、食べ物に気をつけないとね……。

ダイちゃんとのこんな幸せな時間が一日でも長く続くことを、皆が願っている。たぶん、天国にいるコサカさんも、同じ想いでいることだろう。

ダイちゃん貫禄のワンショット

スタッフの笑顔に囲まれて。
今朝の散歩相手は誰かな？

今日もフロアを
見つめるダイちゃん

ソレアード壁新聞その1。ダイちゃん特集！

笑顔のフォトギャラリー その1

実は、猫もいます……

第2章でご紹介したソレアードのスーパーアイドル、ダイちゃん。

でもアイドルは、ダイちゃんだけではないのです。

久喜の施設に4匹、新白岡の施設に1匹、現在計5匹います。

見ているだけでひたすら癒《いや》される、そんな彼らの正体は……。

そう、猫です。

れっきとしたソレアードの飼い猫、5匹のキュートなわがまま息子&娘を紹介します。

そのかわいさに、ひととき浸《ひた》ってみてください。


（金蔵♂）

ソレアードのアイドル猫第1号。

別名「親分」。でも気は小さくて甘えん坊。

ある雪の夜に、ふらっとソレアード久喜にやってきた。それ以来、施設に居ついて早数年。

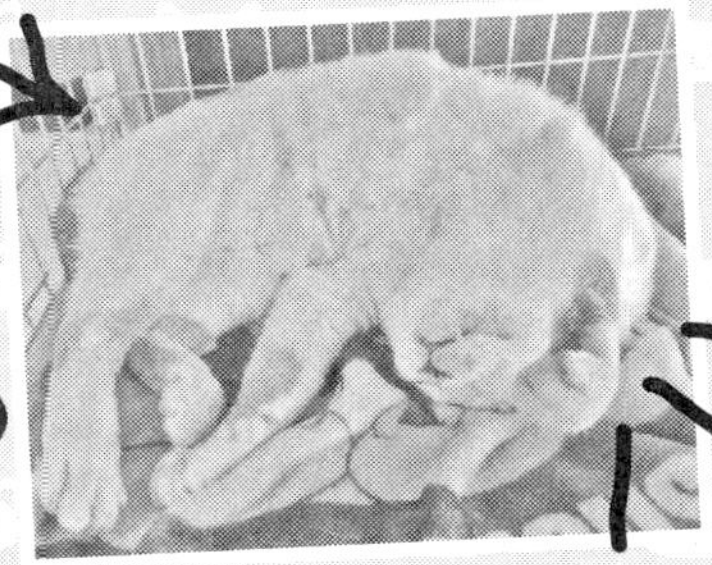

今日はピアノの上で

親分の縄張りなんです。

でもたまに捕まって
オシャレさせられます。

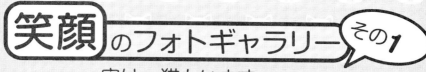

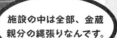

（苗♀）
　久喜で一番の新参者で、唯一の女の子。
　しかし態度はデカい。
　一番肝《きも》が据《す》わっていて、頼もしい子。

はあ……今日もあいつらの相手は疲れるなぁ（でも実は一番年下）

（サブロー♂）
　５匹の中で唯一、新白岡の施設に居《きょ》を構える。
　寂しそうだが、いい感じに飄々《ひょうひょう》と生きている様子……。

居心地の良さが伝わってきます……。

（ポン♂）（みな♂）

久喜施設の近くで、たった２匹で捨てられていた猫たち。

夏の過酷な状況で発見され、それ以来、手厚いケアのもとソレアードの仲間に。

２匹でサバイバル生活を送った記憶が抜けないのか、一日中寝ても起きてもくっついて離れない仲良し（でも２匹とも男の子……）。

ソレアード壁新聞その2。ウチの猫全員集合！

居心地の良さが伝わってきます…。

第３章　感動の鉄人たち

ソレアードには、伝説の施設長がいた。ユリさんという女性だ。「いた」と表現するのには理由がある。家庭の事情で、現在は退職しているからだ。

ユリさんは、ソレアードの第1号施設である新白岡の初代施設長だ。要するに、ソレアード創設時の中心メンバーなのだ。といっても、ソレアードの代表と旧知の仲であったわけではない。たまたま人の紹介でソレアードに入社したというだけの、偶然の縁だ。

ユリさんは、ソレアード入社以前から福祉介護業界に長く勤めていた。転職を考えて、ある介護福祉関連の会社の人材募集に応募したそうだ。しかし面接をしたその会社の担当者は話を聞くうちに、ユリさんの熱意というか、仕事の仕方に、ちょっと臆《おく》してしまったらしい。

「こんな凄《すご》い人、ウチではとても使いこなせない……」と。

その会社の社長が、たまたまソレアードの代表と知人の関係にあった。ソレアードが介護業界に進出予定で、スタッフを探しているということも知っていた。そんなわけで、その会社の社長がユリさんをソレアードに紹介したのだ。

そしてソレアードでの即採用が決まった。

退職して既に十年近くの年月が経っているにもかかわらず、ソレアードではいまだに固有名詞を付けずに「施設長」とだけ言えばユリさんを指す代名詞のようになっている。それだけ、在職中に残したものが大きかったということだろう。だから今でも敬意を持ってユリさんのことを「施設長」と呼ぶ人たちが存在する。その多くは、ユリさんの薫陶《くんとう》を受けた門下生たちだ。

そしてユリさんの弟子たちが次々とグループの他の施設に巣立っていき、彼ら、彼女たちが次の弟子を育てて、ソレアードの介護のバトンをつなぎ続けている。

この章では、ソレアード伝説の「介護の鉄人」であるユリさんからスタートして、連綿《れんめん》とソレアードに続いている介護魂の系譜を振り返ってみたい。

かつて面接で、介護福祉の業界人たちが臆してしまったほどの情熱・仕事ぶりだなんて、ユリさんの何がそれほどまでに凄かったのだろうか。それは、新白岡の施設がオープンし、利用者の受け入れをスタートしたときに、すぐに周囲が理解した。

この人、とにかく全てが尋常《じんじょう》でないのだ。

例えば、ユリさんはオムツを使うのが大嫌いだ。介護施設の現場では、排泄《はいせつ》がままならない利用者が多く、そんな方にオムツを着用してもらうことは介護の世界ではごく普通のことだ。使わないほうが変だといっていい。でもユリさんはオムツを使うことを頑《かたく》なに否定した。はじめは、周りのスタッフもそれを理解できなかった。

ある日、一人のスタッフが「どうしてオムツを使わないの？」と質問した。ユリさんは、こう質問を返した。

「あなたは自分でオムツをはきたいって思う？」

「いえ……」

「じゃあ、ご利用者様だってはきたくないでしょ？」

後日、もうユリさんから少し丁寧な説明があった。

「赤ちゃんを除《のぞ》いて、人間は普通に生活していたらオムツなんて使わないでしょ？ここに来てくださるご利用者様には、普通の生活をしていただくのが一番だと思うの。そのためのサポートを全力ですることが私たちの役割よ。だから、オムツを使うなんて手抜きは、できるだけしてはならないの」

では、利用者がオムツを使わない代わりに、どうすればいいのか。

答えは簡単だ。

施設側のスタッフが、全ての利用者から片時も目を離さないこと。

利用者一人ひとりの排泄の欲求やその予兆を見逃すことがないように、全員で常に神経を張《は》り巡《めぐ》らすのだ。

こうやって言葉にするのは簡単だ。でも、実際にはとんでもない苦労をともなうことが分かる。排泄の意思を表すことは、利用者にとって恥ずかしいことだ。それを言えない人も多い。そういう利用者の雰囲気まで察して、さりげなく寄り添い、自然にトイレに付き添うことが、介護スタッフに求められるのだ。

また、そもそも利用者に排泄の意思を表してもらうことは、スタッフがその利用者から全面的に信頼してもらっていることが大前提となる。日常の中で、十分な信頼を得られるような接し方をしていないスタッフには、利用者は排泄の意思を表すことはしない。だから日常の生活において、いかに利用者全員に「安心してスタッフに全てを任せても大丈夫だ」と思ってもらえるか。その積み重ねがとても重要なのだ。

ユリさんにとってオムツというのは、それだけのことをやった上で、どうしてもトイレに行って排泄することが困難な人が、やむを得ず使うもの。だから、その手前の段階で利用者にオムツを使ってもらうことは、ただの手抜きだ、ということになる。利用者のためではなく、自分たちが楽をするためにオムツを使う。そんなやり方は、本当の介護ではないのだ、と。

同じ考え方で、ユリさんは介護の世界では当たり前になっている道具の使用を、どんどん否定していった。

車椅子や歩行補助機。これは歩行が完全にできない人でなければ、極力自分の脚で動くことを職員がサポートすることで、できる限り使わないようにすることができる。

機械式入浴機。入浴時に使うものだ。身体が不自由な人を装置の上に寝かせれば、そのまま入浴してもらうことができる。これだって、機械を使わなくてもスタッフが介助することで、入浴は可能だ。

こんな調子で、介護の現場ではもう当たり前となっている便利な道具は、ユリさんにはほとんどが否定の対象になってしまう。ユリさんにとって介護というのはいわば、利用者の日常を、いかに介護が必要でない方同様に過ごしていただくか、ということ。そして介護スタッフの仕事とは、そのために必要なサポートをすることなのだ。

確かに、車椅子や入浴用機械といったものは、要介護の方がいない家には通常存在しないものだ。しかしオムツに至るまで否定の対象とは、もはや普通の人の理解レベルを超越しているといってもいい。

ユリさんは、周りのスタッフにも、同じ考え方に基づく介護を要求した。ソレアード創設期のスタッフは、この無茶な要求に耐え、歯を食いしばってユリさんに付いていった。そしてスタッフの介護レベルは、徐々に他の施設では見られないような、質の高いものになっていった。

だが、しばらくしてその要求に耐えられないスタッフも現れるようになる。初期のソレアード新白岡のスタッフの間で、ちょっとした対立が起こったことがあった。

新白岡のスタッフ14人のうち、ユリさんの愛弟子というべきメンバーが7名。ユリさんに付いていけないと思っている 反ユリさん派のメンバーが7名。組織の中の対立関係を放置することはできない。対立を仲裁するために、ソレアードの代表が立ち会い、双方が意見を言い合うことになった。

反ユリさん派のメンバーの主張はこうだ。

「こんな無茶なやり方をしていたら、付いていけないスタッフが続出する。新しいスタッフを採用しても辞めてしまう。施設が成り立たなくなるから、やり方を考えてほしい」

常識的に考えたら、この人たちの言うことにも一理ある。代表も、こういった意見を少しは考慮してもらうよう、ユリさんに相談した。

しかしユリさんは、ぶれることも、怯《ひる》むこともなかった。それどころか

「それなら他の介護施設がやっていることと一緒で、自分がソレアードに来た意味がない」

と言ったのだ。

代表はユリさんを採用するとき、ある約束をしていた。

「自分は理想の介護というものを形にしたい。それが実現できる場所で働きたい。ソレアードでは、それができますか？」

このユリさんの問いに、yesと答えていたのだ。

ソレアードの代表は、自分で介護施設を開設する前、様々な介護施設を40箇所ほど見学に回っていた。そこには、想像していたものとは異なる介護の実態、現実があった。

介護職員が抑《おさ》えきれないから、目を離すと暴れ出してしまうから、身体を拘束される利用者の人たち。その結果、まるで人格を否定されたように、無表情で過ごす施設の中の人たち。見学の間、こんな姿を見ることが一度や二度ではなかった。

こんなものは、介護じゃない。

自分が施設を始めることで、世の中のこんな間違った介護を正さなくてはならない……。

代表は、そんな思いでソレアードを始めたことを思い出した。そして、その想いに呼応《こおう》するように、偶然ユリさんという人に出会えたこと。自分の理想と同じ想いを持っている人との、奇跡のような出会い。その瞬間の喜びも、同時に思い出された。

こうして代表は、ユリさんに反発していたスタッフたちを説得した。ユリさんの正しさを、そして、それこそがソレアードの理想なのだということを、改めて皆に理解してもらった。それからというもの、ソレアードでは「ユリさん方式の介護」が完全に標準となった。


しかしそんなユリさんにも、ソレアードを去らなければならないときが来た。ご主人の健康状態が悪くなり、ご主人の郷里である長野に移住しなければならなくなったのだ。

ユリさんにとって苦渋《くじゅう》の決断だった。自分の理想となる介護を実現しつつあったソレアード。そのソレアードを、志半《こころざしなか》ばで去らなければならない悔しさ……。

だが、それはユリさんにとって重大な決断であると同様に、いやそれ以上に、残されたソレアードのスタッフにとっても重い問題だった。自分たちスタッフは、これからどうすればいいのか。これからどうやって介護の質を維持し、磨き上げていけばいいのか。残るスタッフにとっては「道しるべ」を失ったようなものだ。

でも、ユリさんは置き土産を残していくのを忘れなかった。予想外の置き土産だ。ユリさんの娘さんを、自分の退職と入れ替わりにソレアードに入社させたのである。

ユリさんの娘メグミさんは、理学療法士であり、介護専門職ではない。メグミさんは、それまである整形外科で働いていた。ユリさんは、その病院で将来を嘱望《しょくぼう》されるほど優秀なスタッフだった我が娘を説得し、自分の介護を継承する一人として、ソレアードに入社させたのである。

そしてメグミさんは、やはり「介護の鉄人」であったユリさんの娘だと誰もが納得する女性だった。この人もまた、並ではなかったのである。

メグミさんは、専門分野である理学療法の見地から、利用者の身体機能の維持・向上を徹底的に研究し、なんとオリジナルのリハビリ体操をつくり出した。さらにそれを映像化して広めたのである。今では「メグちゃん体操」と呼ばれ、ソレアードの体操レクリエーションの定番メニューとなっている。

またメグミさんは、志を同じくするユリさんの門下生メンバーと意気投合するのに長い時間を必要としなかった。

介護施設として望ましいサービスは何か。

どうしたら、利用者に本当に満足していただけるサービスができるのか。

意気投合したメンバーたちが集まっての議論が、自然発生的に始まった。日中はそれぞれが別々の施設に属し、日常業務をこなしている。その後で議論するのである。集まるのは夜になってから。それから議論が長い時間おこなわれるのだ。その６名ほどのメンバーたちは、いつしか「プロジェクトチーム」と呼ばれるようになった。

こうして議論を重ねた末、自分たちで研修プログラムを作成することが決まった。ユリさんが残した介護技術のノウハウを、全施設の全スタッフに共有してもらえるようにするようにするためだ。研修メニューは「シーツ交換」「体位変換とポジショニング」「移乗」「入浴介助」「食事介助」など、介護技術の種類別に体系的に整備された。そして毎月、各施設の主要メンバーが集まり、それぞれの内容ごとに研修がおこなわれることになった。

そうやって研修を続けた結果、スタッフの成果を評価することも必要になった。これが、全ての項目ごとにその習熟度を判定するというソレアード独自の「介護技術検定」が誕生した経緯である。

メグミさんをはじめプロジェクトチームのメンバーが検定員となり、現場のスタッフの介護技術習熟度を評価し、判定する。このオリジナルの検定試験は、今ではソレアードのスタッフの中で定着し、皆が積極的に受けている。

だが、検定を受ける上で、介護技術を一定レベル以上に保つためには、施設ごとに順番に研修をおこなうだけでは十分とはいえなかった。そのためにつくられたのが、技術検定項目ごとのオリジナルマニュアル動画だ。

通常、研修のための動画は、制作を外部の専門業者に委託することが多い。そのほうが映像の質や構成・内容がよくなり、伝わりやすく、習熟しやすくなるからだ。でも、ソレアードではそうしなかった。企画・制作・出演・撮影など、全てプロジェクトチームのメンバーが中心になっておこなった。その頃プロジェクトメンバーは、初期のメンバーだけでなく、より専門的な技術を指導できる看護師や、もっと若手の現場リーダーなども入っていた。より機動力や発信力、指導力がある、強固なメンバー構成となったわけだ。とはいえ、映像作成については素人だ。

では、なぜメンバーは、自分たちで映像マニュアルをつくることにしたのか。ソレアードの介護は、単なる「技術」ではないからである。その映像には、ユリさんの時代から続く、介護に対するソレアードの「理念」が込められている。理念とは「全てはご利用者様の気持ちに寄り添うこと、ご利用者様のためにケアすること」だ。この理念だけは、外部に制作を委託しても表現することは無理だ、と考えたのだ。

実際ソレアードの映像マニュアルを見ると、そこでおこなわれている模範映像は、とても丁寧なものだ。食事の介助、入浴の介助、シーツの交換……。本当にこんなペースでやっているのか、実際こんなに丁寧に模範通りにやっているのか、と見ていて疑問に思うくらいだ。でもソレアードのスタッフの誰に聞いても、口をそろえて言う。この映像で再現される通りの手順とスピード、丁寧さで、全ての業務が毎日おこなわれているのだと。これがウチの標準だ、と。

とても効率的なやり方とはいえない。でもソレアードの介護はこれでいいのだ。もともと目指したものが、効率的な介護ではないのだから。

そもそもソレアードには「介護」という言葉が嫌いな人が多い。お世話をする、というニュアンスが「上から目線」を含むようで嫌なのだろう。あくまでソレアードの介護は、一人ひとりの利用者が、より自分らしく、充実した日々を生き生きと過ごすためのものだ。そのために、スタッフが利用者の想いに寄り添いながらおこなうものである。その理念を、スタッフ全員が共有している。

十数年前に、ひとつの偶然の出会いから生まれた、ソレアードの介護。その偶然の出会いから始まって、他の介護施設では「過剰なサービス」として評価されなかった一人の介護職員が、ソレアードという土壌に蒔《ま》いた種。

多分、世間から見たら少し変わった花を咲かせたその種が、実を結び、今ではその裾野《すその》をグループ全体にひろげている。

でも、ソレアードの介護技術は「これで完成」ということはおそらくない。これからも、よりよい品質の介護を目指して、スタッフ全員で、自分たちの技術を磨き続けていくのだろう。たとえ非効率だろうと、愚直に努力を積み重ねていくのだろう。その姿を見るにつれ、いつも圧倒される。そして尊敬の念と共に、感動を禁じ

日中の仕事が終わってからの会議風景。

得ない。

今日もどこかの施設で、ユリさんの心を受け継ぐ何代目かのプロジェクトチームのメンバーが、通常業務が終わった後に集まり、夜遅くまで議論を重ねているに違いない。

鉄人魂をたぎらせながら。

笑顔のショートストーリー

その２

かぶりもの列伝

ソレアードでは、イベントや催し物の際に、よくコスプレをする。スタッフだけでなく、利用者も、だ。クリスマスとなれば、サンタの衣装。納涼祭、七夕となれば、織姫彦星の格好。ハロウィンでは、かわいい悪魔。その他、セーラー服やメイド、アフリカの民族衣装、はては着ぐるみまで。劇や誕生会イベントともなれば、主役の方から率先して衣装やかぶり物を身にまとい、顔に派手なメイクをほどこして、その日一日をハジけて過ごすのだ。そんな文化が、ソレアードでは歴史としてナゼか受け継がれてしまっている。

「イシイ先生」と呼ばれる利用者がいた。若い頃、軍隊経験がある。海軍近衛兵で、本人いわく「二二六事件のときに天皇陛下のおそばにいた近衛兵」だったそうだから、筋金入りだ。終戦後は警察官僚となり、相当な地位まで上り詰めて定年退官し

今日も始まるイシイ先生の名講義！ 全員、興味津々です。

たという。要するに、地元の名士として尊敬を集めるような存在なのだ。事実、施設でも、折に触れてイシイ先生の「講義の時間」が始まるときがある。

朝、新聞を読み、時事ネタで興味が高いことが報じられていると知るや、急遽その日のフロアでは、ホワイトボードを使ったイシイ先生の講義となる。

例えば

「日本の平均寿命と男女間の差について」

「交通事故の昨年1年間の傾向とその防止策について」

など。

こんなテーマを30分程度にまとめて話してくれるのだが、的確な内容でかつ分かりやすい講義なので、他の利用者もスタッフも一緒になり、毎回聞き入ってしまう。しかも、単純に役に立つだけでなく、語りが上手なので、引き込まれてしまうのだ。

そんなイシイ先生でも、イベントの際にはコスプレをする。むしろ先生は、どんな格好でも率先してやってくれる。学園もののコントの不良の役だろうが、カツラをかぶるような役だろうが、どんな役であろうが、何でもやる。イシイ先生に限らず、ソレアードの利用者は、なぜかそういったノリのよい人がたくさんいる。

ミチさんという女性の利用者がいた。この方も「かぶり物といえばミチさん」という異名を持つほどだ。近くにかぶり物があると、何はなくともかぶってポーズをとる、とびきりお茶目な人だ。

ミチさんは言語障害があり、ほとんど失語症のような状態だ。でも、周りとのコミュニケーションに困ることはない。ミチさんの明るい表情で、気持ちが何もかも伝わるからだ。

ただ、なぜかいつもひと言だけ、必ず出てくるセリフがある。

「あったかご飯でございます」

という言葉だ。

意味は分からない。というか多分意味はない。しかし何を聞いても、ミチさんはこの言葉で返すのだ。

「ミチさん、調子はどうですか？」

「あったかご飯でございます」

「ミチさん、今日はいい天気ですね！」

「あったかご飯でございます」

「ミチさん、明日はお祭りですね。何します？」

「あったかご飯でございます」

全てがこの調子だ。驚くかもしれないが、これで全て、会話が成立しているのである。先ほども述べたが、返事の言葉自体は意味不明というより、意味はなさそうだ。でも表情を見ていれば、周りのスタッフならミチさんが何を言いたいのか分かるのだ。

ある日、リハビリレクリエーションの一環として体操をしていた。専門の男性インストラクターを呼んで、フロアに人々が集まり、皆で体操が始まった。

手首の運動、脚の運動、腰の運動……。色んな体操がおこなわれていく。

そして次は腕の運動。前にあるものを抱きかかえるように、両腕を前で抱える体操だ。その動きを説明するために、インストラクターが言った。

「いいですか、目の前のものを抱きしめるような動きですよ」

それにあわせて、動きをとる利用者たち。その中で、ミチさんがとても柔らかく、いい動きをしていた。それを見たインストラクター、ミチさんに

「ミチさん上手ですねー、その動き。若い頃、旦那さんをやさしく抱きしめてたんじゃないですか？」

と、まるで綾小路きみまろのようなひと言。

それを聞いてミチさん

「あったかご飯が……」

と、いつものセリフで返事するかと思いきや、ニッコリ笑って

「楽しかったよ」

と、ひと言。

これには周りもビックリ！　インストラクターも、調子に乗ったら逆に一本取られた格好となった。

肝心なときにはいつも以上の〝決めゼリフ〟が出てくるなんて、やはりソレアードのスターはひと味もふた味も違う……。

ちなみにこのとき以外に、ミチさんから他のセリフが出てきたことはなかった。他のセリフもしゃべれたのか、あのときだけ一瞬よみがえった記憶がミチさんをしゃべらせたのか、誰にも知る由《よし》はない……。

ソレアードといえばコスプレその１ 職員全員で盛り上がっちゃいます。

ソレアードといえばコスプレその２ 利用者の皆さんもメイクを手伝っちゃいます。

ソレアードといえばコスプレその３ そして当然、一緒に楽しんじゃいます

第4章　感謝を糧に 見送る想い

介護施設には、ひとつの避けられない宿命がある。

利用者との「お別れ」のときが来ることだ。

その中でも、グループホームといった長期居住型の施設では、終《つい》の棲家《すみか》としてそこに入る利用者が多い。ソレアードに3箇所あるグループホームも、十数年の歴史の中で、多くの旅立ちを見送ってきた。

もちろん、介護施設は病院ではない。だから利用者が病気になると、施設を出て近隣の病院に入院することも多い。そしてそのまま施設に戻ることなく、病院で最期を迎える人もいる。

しかしソレアードの利用者には、自らソレアードを最期の場所に選ぶ人が数多くいるそうだ。病院に入り、いよいよ容態が厳しくなって本人に意向を聞くと「ソレアードに戻りたい」と言うのだ。

本来、多くの利用者にとって最初は「介護施設は本音を言うと行きたくない場所」であることがほとんどだ。言われてみればそうだ。それまで住み慣れた我が家から慣れない介護施設への転居というのは、本当は望まないという人は多いだろう。それまでご家族と一緒に住んでいたのなら、なおさらだ。一人別れて介護施設に移るのは寂しい。すすんで行きたいとは思わないはずだ。

それでも、しばらくソレアードに住み続けるようになると、ソレアードを本当の我が家、帰るべき場所として、愛着を感じるようになる利用者が増えるそうだ。だから医療体制が整っている病院よりも、ソレアードで暮らし、そこで最期を迎えたいと思う人が多いのだろう。

最期を迎える方に寄り添うことを「看《み》取《と》り」という。ソレアードではこれまで、60名近くを看取ってきた。そしてその一人ひとりが、携わったスタッフたちにとって、忘れられない大切な記憶になっている。

この章で紹介するのは、看取りにまつわる、利用者と、彼らを支え続けた看護師、スタッフのエピソードの、ほんの一部だ。

最近ソレアードで最期を迎えた、タシロさんという利用者がいた。

施設の近くの地元で土木建築会社を経営していたが、社長職はずいぶん前に息子さんに譲り、今ではさらに30歳過ぎの孫が３代目を継いでいる。建設会社の元社長らしく、親分肌で気風のいい豪快な人柄だったが、自分の親族をとてもかわいがり大切にする人でもあった。

社長職を譲ってからは悠々自適な生活を送っており、ソレアードに入所したのは数年前だ。だが、容態が悪くなり、看取り体制がとられることになった。そしていよいよ、という状況になってご家族に連絡が送られ、息子さん、娘さんに加えてお孫さんたちまで総勢８名の親族が、タシロさんの部屋に集まった。

少し遅れて９人目の親族として、一番若いお孫さんが到着した。20歳の若者だ。タシロさんが一番かわいがっていた孫でもある。

彼はタシロさんの枕元に来るやいなや、もう意識もないタシロさんに向かって、涙を浮かべながら、でも力強く、こう言った。

「じいちゃん、もう大丈夫だよ。叔父さんも母さんも、ここにいる皆をオレが引き受けるよ。大丈夫だから、安心して休みなよ……!」

まだまだ若いその青年から、魂からのメッセージが発せられる。おじいちゃんを安心させたい一心で。そんな言葉を聞いて、８人の親族の目からも、それまで堪《こら》えていた涙がいっせいにあふれ出した。

だが、次の瞬間だ。

もう、今にも息を引き取るかと思われたタシロさんの容態が、ほんの少し回復したのだ。

かわいがっていたお孫さんの魂のメッセージが、功を奏したのだろうか……？

タシロさんは、その後半日ほど命をつなげることになった。

では、一度感極まった親族たちは……？

どうやら彼らは、いい意味で肩透かしを食ってしまったようだ。

そして、部屋の中ではタシロさんを囲み、集まった親族で思い出話に花が咲くことになった。

20歳の末孫が高校生だった頃、タシロさんが勝手に学校から連れ出し、一緒に遊びに行ってしまったこと。それを知らなかった家族が、いなくなった二人を大騒ぎであちこち探し回っているうちに、夜になって何ごともなかったように二人が帰ってきたこと。

土建業者の大将らしく、遊びが好きで、奥さんを随分困らせたり泣かせたりしたこと。でもとにかく子供や孫たちをかわいがっていたこと。そして何より、自分たち親族一人ひとりが心からタシロさんを愛していたこと……。

そんな数々の尽きない話を、タシロさんを囲んで皆で半日、笑顔で語り合ったのだ。しかも、親族だけでなく、ソレアードのスタッフたち、看護師まで一緒になって。タシロさんが息を引き取るまで、部屋中の皆で、明るく思い出話に花を咲かせることになった。

他にもエピソードを紹介しよう。

シミズさんという女性の利用者がいた。99歳だ。

この方も、亡くなる前の数日間に渡って看護師とスタッフによる看取りがおこなわれ、最期はご家族に見守られながら静かに息を引き取った。

亡くなられた直後、見送ったご家族の一人である娘さんが言った。

「おばあちゃん、歌が大好きだったんだよね……。ソレアードで歌を歌うことが何より楽しみだったんだよね」

ソレアードでは、レクリエーションやイベントの際、よく皆で合唱する。それも懐メロを中心とした歌謡曲を。娘さんのひと言を聞いた看護師が、別の部屋にいた一人のスタッフを呼び出した。スガワラさんという、ソレアードのエンターテインメント担当、イベント責任者だ。合唱の多くは、この人のギター演奏と共におこなわれる。

看護師が、やってきたスガワラさんに言った。

「今ここで、ギター弾いて歌ってあげて。シミズさんに聞かせてあげて」

息を引き取りベッドに安らかに横たわるシミズさんの横で、スガワラさんのギターにあわせ、ご家族と一緒に懐メロ歌謡曲の合唱が始まった。

「青い山脈」「骨まで愛して」「二人は若い」

その3曲は、全てシミズさんが好きだった曲だ。いつもと同じトーンで、元気よく歌われた。いつもと違うのは、皆が泣きながら、だったこと……。

でも、歌自体が湿っぽくないものばかりだったからだろうか。涙を流しながらなのに、不思議と明るい合唱になった。

まるでシミズさんを、できるだけ明るく送り出すように。

サカイさんという利用者がいた。

ソレアード幸手に入所してきたときは70歳台の半ばだったが、脚に問題があった。脚の筋肉が硬縮しており、歩行困難な状態だったのだ。だから、普段の移動は車椅子に頼る生活だった。

でも、そのような身体の問題など関係なく、サカイさんはとても明るい人だった。入所してすぐに施設の環境に慣れ、顔見知りの職員を見かけるとフロアの端からでも必ず声をかけた。

サカイさんは、決して自己主張が強い性格ではなく、施設でのイベントや行事などでも、自分から仕切り屋になるわけではなかった。でも、フロアでイベントがおこなわれる際は必ず入り口近くにいて、外から来る人を柔らかい笑顔で静かに迎え入れる。そんな親しみやすさにあふれた性格の人だった。

ただ、ときに厳しい一面を見せることもあった。スタッフの対応が気に食わないと、叱責《しっせき》の声を飛ばすことがあった。また、周りの利用者と摩擦があると、少し当たりがキツくなることもあった。実は、家族との関係が良好とはいえなかったのだ。娘さんが二人いたが、そのどちらとも親子仲がいいとはいえず、入所以来ご家族が施設に来ることはなかった。その寂しさが、サカイさんをときに刺々《とげとげ》しい態度にさせたのかもしれない。

サカイさんが苦手なものがあった。病院だ。特に注射といった、痛みをともなう処置が本当に大嫌いだった。身体に問題があるので、定期的な通院は欠かせない。そのたびに施設の看護師が付き添って病院に行くのだが、その際に注射があると大変だ。待合室にいてもはっきりと分かるほどに、大きな声で抵抗するのだ。拒絶があまりにも激しいと、やむを得ずその日は処置を諦《あきら》め、病院から帰ってくる羽目になることもあった。

そんなサカイさんのソレアードでの日常に、一輪の花が添えられるような、華やかな日々がやってくることになった。

ハルコさんという利用者が入所してきたのだ。

ハルコさんは、当時はまだ60歳代の、比較的若い女性だった。入所してすぐの頃はそれほど目立つような存在ではなかったが、古株の利用者が退所することになってからは、若くて元気なハルコさんはフロアのムードメーカーとなり、存在感を増していった。そして、同じフロア仲間のサカイさんとも、その頃から仲良くなっていった。

サカイさんから見たハルコさんは、年が少し離れている元気な女性として、かわいく思いながら頼りがいもあったのだろう。心を落ち着かせる大切な存在、というところだろうか。

そうやってハルコさんと仲がよくなるにつれ、サカイさんから、刺々しさがどんどんなくなっていった。むしろ、若いが故《ゆえ》に勢いがあるハルコさんを時折なだめるような、穏やかにハルコさんを包み込むような接し方だった。

外出はいつも一緒。遠出のバスの席も隣同士。いつもサカイさんの車椅子をハルコさんが押しながら、他の利用者を牽引《けんいん》するように、皆で外出先を楽しく散策する、という姿が見られるようになった。

介護施設でひとつ屋根の下で生活していると、家族のような連帯意識を持つような関係になる。サカイさんとハルコさんも、まさにそんな感じだった。

もちろん部屋は異なるので、寝起きの居住空間はそれぞれ別だ。あくまで二人が一緒にいるのは、日中に皆がフロアに出ているときだけ。それでも、見ている周りにとって、二人からは長年寄りそう夫婦のような雰囲気が感じられた。自然にお互いをいたわり合う、そして笑顔で日常を楽しく過ごす、という関係だ。

サカイさんは、入所後に大きな手術をした。脚の切断だ。もともと具合がよくなかった脚が入所後さらに悪くなり、切断を余儀《よぎ》なくされたのだ。そのようなことがあったときも、サカイさんの心の支えになったのがハルコさんだ。入院中は、施設のスタッフと一緒に何度もサカイさんを見舞い、励ました。そんなハルコさんを見て、サカイさんの目に涙が浮かぶことも幾度《いくど》かあった。

頑張って手術を乗り越え、退院して施設に復帰したサカイさんだったが、やはり手術の影響は小さくはなかった。明るい性格だったサカイさんから、少しずつ元気が薄まっていった。遠い所からでもスタッフたちに声をかけるような明るさが見られなくなってきたのだ。それでもハルコさんは、そんなサカイさんをいつも気にかけ、元気になるように励まし続けていた。

しばらくはそのような日々が続いたが、身体の変化はサカイさんの健康を少しずつ蝕《むしば》んでいった。そしてついに、サカイさんに看取りの体制が取られることになったのである。

意識があるものの、看護師の介助が必要な状態が続いた。自分では起きられない状態となり、痰《たん》の吸引を定期的におこなう必要が生じた。もともと医療処置が大の苦手で、何よりも嫌いなサカイさん。しかし看取りの体制に入ってからは、静かに処置を受け入れるようになった。痰の吸引など、昔のサカイさんなら大声で拒絶していたことだろう。でも、看護師が「吸引しますよ」といえば、静かにうなずき、大きく抵抗することなく処置を受け入れるようになった。

そのことが、担当である看護責任者のサチコさんからすると、逆につらかった。あれだけ医療処置がイヤで、激しく拒絶したサカイさんが、もう抵抗する気力もないなんて……。サカイさんのことを昔から良く知るサチコさんにとって、とても悲しい現実だった。でも、そんな看取りの最中にも、常にサカイさんのことを励まし続けたのがハルコさんだ。

サカイさんの部屋の前を通るたびに、ハルコさんは部屋の中をのぞき込んだ。そして、サチコさんのケアを受けているサカイさんに、部屋の入り口から必ず声をかけるのだ。

「頑張るんだよ」

「早く良くなってよ」

「また皆と一緒に花見に行こうよ」

ハルコさんから声をかけられるたびに、サカイさんはベッドに横たわりながら、静かにうなずいた。

このようなサカイさんの看取り体制も、およそ１ヶ月が経過した。サカイさんは、担当のサチコさんのことも、もうよく分からなくなっていた。いよいよ最期のときが近づいてきたのだ。

その日の夜も、サチコさんは付きっきりでケアしていた。予断を許さない状況がしばらく続いていたから、サチコさんはほとんど寝ずの看護を続けていたのだ。少し容態が安定してきたので、サチコさんは仮眠を取るためいったん自分の仮眠室がある近くの施設に移動した。その仮眠中、サカイさんの容態が急変したという現場からの緊急連絡が入った。

サチコさんはまず、現場にいるスタッフや、自分より現場の近所に住んでいるスタッフへの連絡を指示した。少しでも早く、より多くの人員を対応させるためである。

幸いにして、施設の副施設長であるカズミさんと連絡を取ることができた。カズミさんは、施設の管理者ということ以上にサカイさんと気心が知れた、仲のよいスタッフだった。ケアもさることながら、見送ることを考えると、サカイさんに対してより強い想いのある人が付き添うべきだ。サチコさんはそう考えてカズミさんに連絡したのだ。

そして、これは誰からでもなく、自然とハルコさんにも声がかけられた。

親しき仲にも礼儀ありで、それまでハルコさんは、サカイさんの部屋の中にまで入ることはなかった。でも、このときばかりはハルコさんも、スタッフや看護師と共にサカイさんの枕元に付き添うことになった。

こうして大好きな人たちに見守られながら、サカイさんは早朝４時、この世に別れを告げた。穏やかな今際《いまわ》のときだったそうだ。

皆、泣きながら見送った。

特にハルコさんは泣き崩れながら、サカイさんとの今生《こんじょう》の別れを惜《お》しんだ。

サカイさんは最期まで意識があった。看護師やスタッフだけでなく、ハルコさんにも看取ってもらっていることを分かっていただろう。それが何よりだったと、サチコさんは言う。

見送られる側は、そばにいてほしい人にいてもらえること。

見送る側は、想いのある人がそばにいること。

最期の看取りは、何よりもそれが大切なことなんだ、と。

サカイさんが亡くなられた後も、部屋は1ヶ月ほどそのままにしておいた。その間ハルコさんはサカイさんの部屋に通い、朝晩のご飯のお供えを欠かさなかった。

ハルコさんは今でも元気だ。入所当初は若かったハルコさん、今となってはベテラン利用者のような風格まで出てきた。施設の他の利用者からも、スタッフからも慕われる、ソレアード幸手のちょっとした顔役のような存在だ。

サカイさんのことは、今でも折に触れて話題に出る。さすがに亡くなった直後、泣きながら過ごした1ヶ月間ほどではない。今日はサカイさんが亡くなって何ヶ月、今日は亡くなって何年……といったことを、スタッフや他の利用者と、何かにつけ思い出しながら話をしている。

ハルコさんの心の中で、サカイさんは生き続けているのだろう。

ソレアードにとって看取りは、とても大切な仕事だ。

特に、看取りを主管する、ソレアードの医療看護の総括者であるサチコさんにとっては、全身全霊を傾けて対応しなければならない、特別で、また非常に重い仕事だ。

でもサチコさんにとっての看取りは、専門の看護スキルを持つ者が責任を持って対応する仕事、という感覚とはちょっと違うようだ。

あなたにとって看取りとは？　と聞くと、彼女はキッパリとこう答えた。

「私たちにとって、きっと看取りは『糧《かて》』になっているんだと思います」

ソレアードの職員は皆、看取りをすることに介護職員としてのプライドを持っている。しかも、ただのプライドではない。他に代わりのないほどに、やりがいを与えてくれることとして受けとめている。『糧』とは、そういう意味だ。

だから、看取りは医療技術を持つ専門の看護師がすればいい、というものではない。それも不可欠だが、さらに、その利用者に対する想いがある者が一緒になってしないと意味がないのだ、と。

60人近くの方を看取り、見送ってきたサチコさんも、ソレアードでの最初の頃はむしろ看護師として、プロとして、自分が責任を持って看取る、ということに集中したという。しかしそれだけでは十分ではない、と気付いたそうだ。

それ以来、ソレアードの看取りは、一人ひとりのために誰が付き添うのがいいのか、皆が常に考えておこなっている。そうやって気持ちを込めないと、人の命を見送る、という大切な仕事は、やっていられない――。

ソレアードの職員は、みなその想いを共有している。

でも、思うのだ。

その想いを、皆で持ち続けることは、とても大変なことなんじゃないか、と。

だって、看取りに対するそのような想いは、自分の家族に対するものと同じレベルだ。ということは、60名近くの利用者を見送ったソレアードの看取りは、いわば60名近くの自分の家族の最期を看取ったのと同じではないか。想像もできないほどハードなことだ。しかしソレアードの人たちは、それを実際にやっている。負担ではなく、むしろ自分たちの『糧』だ、とまで言い切っている。

人生を見送る。

利用者に対して重大な役割を、赤の他人である自分たちスタッフに任せてもらえる。ソレアードの職員たちは、利用者やそのご家族に対して、感謝の思いで一杯なのだ。

僕も、もし何十年か先にそんなときが来たら、そんな人たちがいる場所を、最期の場所として選びたくなるのかもしれない。

笑顔のフォトギャラリー　その2

ソレアード　四季のアルバム

ソレアードの日常は、施設内でのイベントから、施設の外に飛び出しての遠足、社会見学と、笑顔あふれる楽しい行事で盛りだくさん。

ここでは、そんなソレアードの普段の営《いとな》みから、見ているだけで思わず笑顔になってしまう素敵な四季折々のスナップショットを紹介します。

ソレアード開設から間もない時期の、記念すべきはじめての花見会。

皆で盛り上がったけど、ちょっと寒かった……。

ソレアード名物、春の大運動会でのひとコマ。

選手一人ひとり、勝ちにいってます。いつだって本気です。

これまたソレアード名物、夏の納涼祭の〆《しめ》の様子
年に１回のお祭りの夜、ちょっとだけいつもより遅い時間まで、皆で盛り上がっちゃいます。
写真はお祭りの締めくくり、テンションが全員で最高潮に達した瞬間！

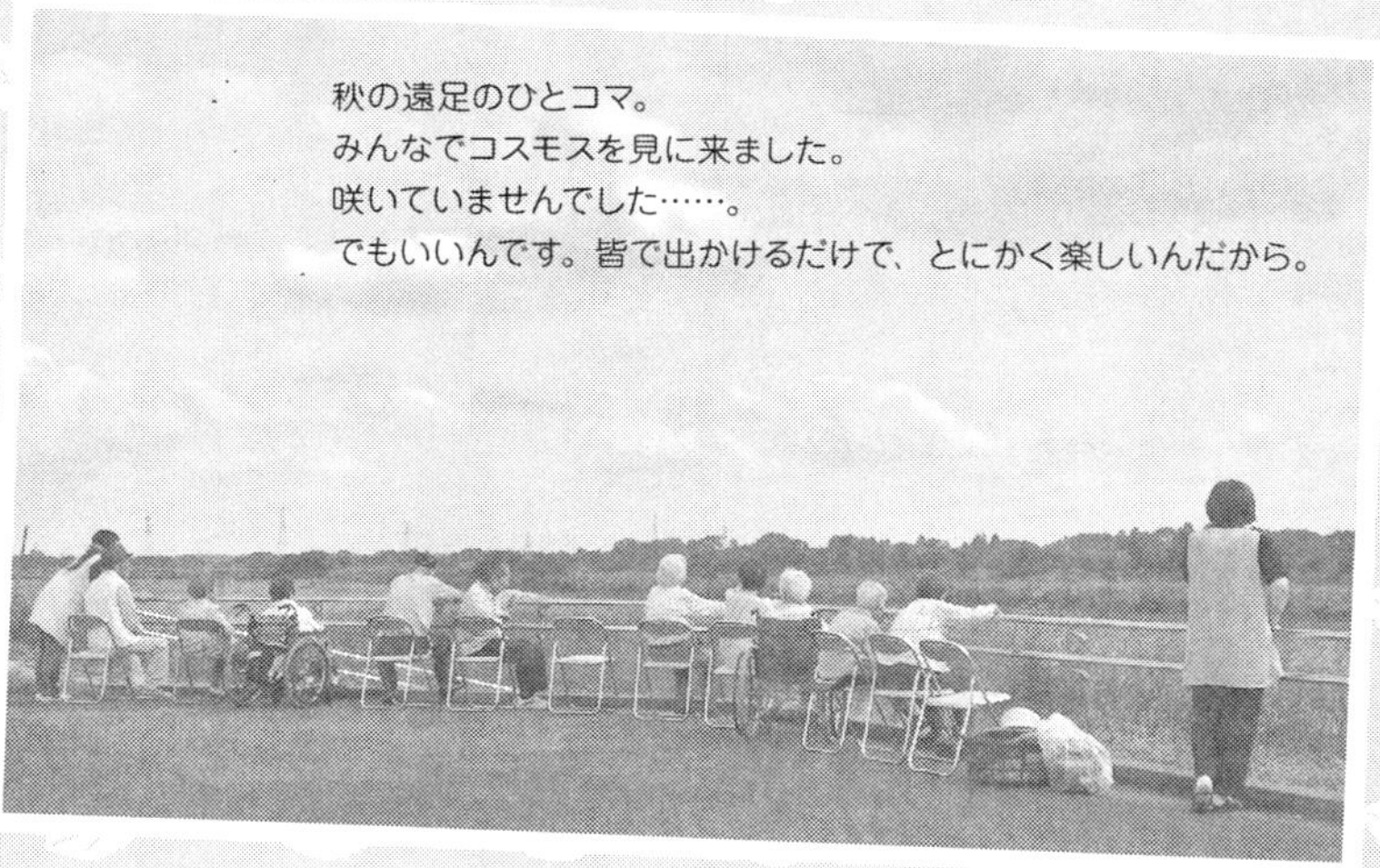

秋の遠足のひとコマ。
みんなでコスモスを見に来ました。
咲いていませんでした……。
でもいいんです。皆で出かけるだけで、とにかく楽しいんだから。

秋の社会見学のひとコマその１

利用者さんいわく「昔はこんなの、その辺りにいっぱいいたよ」とのこと。
珍しくなかったですか……？

秋の社会見学のひとコマその２

なんか含蓄《がんちく》に富《と》んでいるなぁ……。
利用者さんが入ると、ただの張り出しでも教訓のように胸に染みます。

冬の一大イベント、クリスマス会

このときはテンションが上がりすぎて、なぜか全員サンタクロースの格好になってしまいました。スタッフも、利用者さんも、全員で。

冷静に考えると、全員がサンタっておかしいんですけどね……。

清々しい土手の散歩。埼玉の空気は気持ちがいい。

第5章　お師匠様たちからのことば

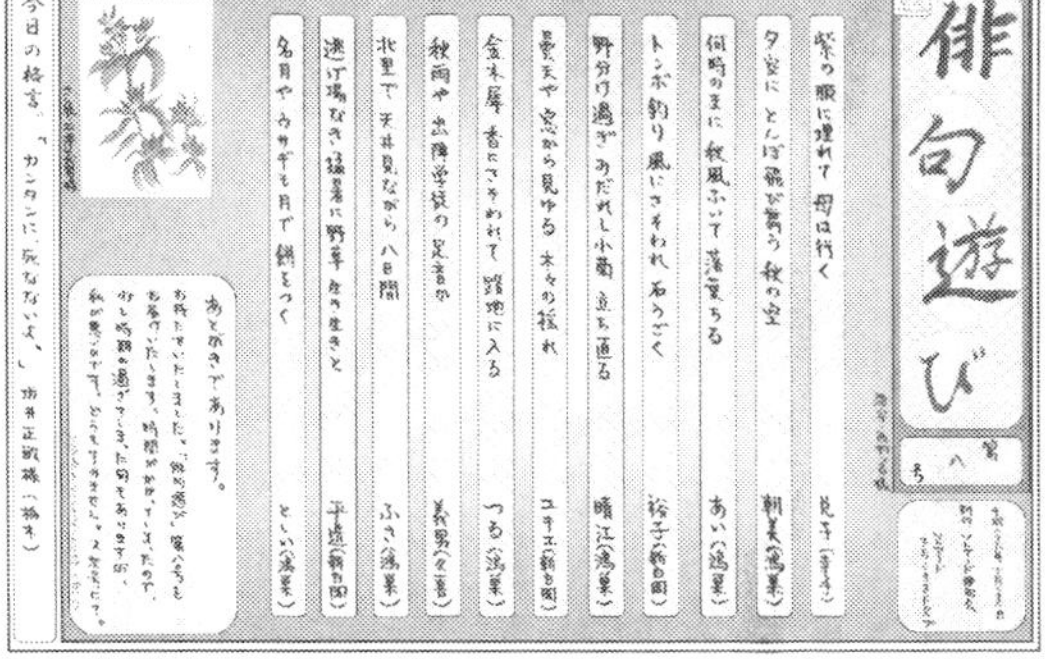

ソレアードには、これまで破られたことのない不文律《ふぶんりつ》がある。

「ご利用を希望される方を、絶対に断らない」ということだ。

介護施設の利用を希望するご老人には、様々な人がいる。共通しているのは、要介護、要支援、ということ。生活に何らかのサポートが必要なのだ。

もちろん、ケアが非常に難しい重度の病気を抱えている人もいる。それだけでなく、入所前に近隣に迷惑をかけているような、少し苦労しそうな、難しい性格の人もいる。さらには、経済的に豊かではない人もいる。

そういった人はしばしば受け入れを断られてしまうことがあるのが、介護業界の残念な現実だ。

だが、ソレアードは断らない。

どんな状況の、どんな人でも、今まで一人もご利用を断ったことがないのだ。

これは驚くべきことだと思う。いや、もっと驚くべきことがある。

スタッフ一人ひとりが、このことを特別だと思っていないことだ。そもそもあまり意識していないようにも思える。このことの特別さに、気付いていないのだ。

ソレアード中のスタッフは「うちの施設を希望される方には全員、利用していただく」ということをごく当たり前のこととして、疑問に思ったことはないようだ。

やっぱりちょっと他とは違う。

その一方で「ソレアードならそれも当然かな」とも思う。

なぜなら、ソレアードは、利用者をまるで家族のように思っているからだ。相手が家族なら、自分のところに来るのを拒むなんてことはしないだろう。それが当然だ、というのだ。

また、ソレアードの利用者に対する思いは、もうひとつの受けとめ方がある。

利用者は「お師匠様」だ、ということだ。

年歳を重ねたこの方たちは、スタッフたちにとって人生の先輩に当たる。人生の先輩とは、その経験の中にある蓄積から何か学び取るべき存在であり、教えを請《こ》うべき存在だ。だからソレアードでは、利用者を「サービスの提供対象者」というような見方はしない。むしろ様々な教えをいただくお師匠様として、仰《あお》ぎ見ているのだ。

お師匠様たちは、なにげない日常生活の中で、とても含蓄深《がんちくぶか》いひと言を話すことが多い。そしてそのひと言ひとことを、利用者と触れ合う日々の生活の中で、毎日書き留めた一人のスタッフがいる。

第４章で登場した、ソレアードのエンターテインメント担当・イベント責任者のスガワラさんだ。

ソレアードの各施設を巡回し、各施設のイベントをひたすら盛り上げることが仕事という変わった人だ。変わってはいるが、そのエンタメカは並ではない。どこの施設に行っても、ご高齢の利用者を、イベントを通じて明るく楽しい気分にする。40歳を超えた男性だが、妖精みたいな人だ。

スガワラさんがノート一杯に書き溜めた、利用者の「今日の格言」。

その中から、ほんの一部ではあるが、いくつか紹介したい。

【思わず唸《うな》る　カッコいいひと言】

「人間は風がなきゃ生きていけないんだよ」（シゲルさん）

ソレアードいちのダンディ、シゲルさん。豪放な性格で、その佇《たたず》まいがいつも絵になる人だ。

ある風の強い日、シゲルさんが外で一服していると近くにいたスタッフから「今日は風がキツいですね」と言われ、くわえタバコで返したのがこれ。

そのスタッフは、シゲルさんのカッコよさに圧倒され、しばらく動けなかったそうだ……。

「私は負けるの嫌いだから、強いよ！」（キンさん）

元は民謡の先生だったキンさん。歌の上手さはもちろんプロ級だが、レクリエーションでおこなうゲームといった勝負モノへの意欲も、半端《はんぱ》ではない。ある日誘ったボウリングゲーム。最初は「なんでそんなもんやんなきゃいけないのよ！」とのことだったが、さらにもう一度誘うと、出てきたひと言がこれ。年齢に関係なく、何に対しても意欲的なキンさんを、周りの若いスタッフも惚《ほ》れぼれと見てしまう。

もちろんゲームでは、キンさんが一等賞をかっさらっていったのはいうまでもない。

「目が見えない分、人のアラも見えないからね」（シマさん）

シマさんは、本当は目が見える。でも、ご高齢ゆえに目も耳も昔に比べれば当然弱くなっている。昔に比べれば見づらくなっているが、むしろそのほうが余計なものまで見えなくっていいんだよ、ということのようだ。

これも含蓄が深いが、こんなひと言をいうシマさんのカッコよさにもシビれてしまう。

【仕事への教訓として胸に刻みたいひと言】

「いくら仕事ができたって、1足す1が3じゃダメなのよ」（サトエさん）

この方も、脚は悪くなっているが、シャンとした毎日を送っている。日々フロア全体を眺めて、スタッフの働きぶりをよく観察している。

要領よく立ち回って効率的に仕事をしようとしているスタッフもいれば、スピードは多少遅くとも、愚直に丁寧に仕事を積み重ねるスタッフもいる。

サトエさんから見れば、楽をして「１足す１が３」の仕事をしようとするのではなく「１足す１が２」の仕事を愚直に積み重ねることが大切、ということのようだ。

「人に使われるのも上手にならないとね」（シズさん）

この方も、スタッフをよく観察してくれる。

ある日、上司に指示をされているスタッフを見てのひと言がこれ。

「人を使う」ことの上手さとは別に「人に使われる」ことの上手さ。そのことの大事さには、なかなか意識が及ばない。深いひと言だ。

「教わったことは、忘れちゃうんです。自分から覚えなきゃ」（サクゾウさん）

介助作業をしていた新人スタッフを見てのひと言。横に付いている指導役から教わりながらの仕事ぶりが、随分たどたどしかったようだ。その作業を終わったときにちょっとため息気味だったスタッフも、サクゾウさんからもらったひと言で、また意欲を取り戻したそうだ。

「吸収しようと思ったら、自分が無にならなきゃね」（タツコさん）

これも、新人スタッフが実地研修を受けている様子を見てのひと言。

介護の仕事は簡単ではない。覚えることも山ほどある。そんなとき、頑張りすぎたり、欲張ったりしても、確かに空回りになりがちだ。余計な意識や考えを排除して、自分を「無」にしてこそ、色んなことをちゃんと吸収することができる。

猫が大好きなタツコさんだから、余計なことは考えない飄々《ひょうひょう》とした猫の生き方から教訓を紡《つむ》ぎ出してくださったのかな？

【いつまでも元気！　歳なんて関係ない！　のひと言】

「八十八まで、歳かぞえなかったもん」（イクコさん）

御年97歳のイクコさん。東北で震災に遭《あ》い、埼玉に避難してソレアードに入所した。大変な目に遭ったにも関わらず、イクコさんはとても若々しい。杖ひとつ突かずに、毎日元気に施設内を闊歩《かっぽ》している。

そんなイクコさんに年齢をたずねたスタッフが「97歳」と聞いてビックリ！

そのスタッフに、イクコさんが返したこのウィットに富《と》んだひと言。

さらにビックリさせられたスタッフだった。

「取った歳は、返せないからね」（トシさん）

トシさんも御歳100歳直前だが、とても若々しい。

そんなトシさんと年齢の話をしていたスタッフ。「自分ももう歳で……」と定番のひと言を言ったスタッフに向かって言ったのがこれ。

100歳手前の大先輩を目の前に、若輩者が歳を気にするなんてそれこそ100年早い！と思ってしまう。


「死ぬことなんて考えないのよね」（イクコさん）

90歳を前に、少し脚を不自由にしているイクコさん。でもそんなことをものともせずに、何にでも意欲的に取り組む姿勢がカッコいい人だ。

脚を医者に診てもらい「あと50歳生きられますよ」と言われた返しがこれ。

我々の浅はかな想像をはるかに超えて、元気に日々を過ごしている方は、死ぬことなんて考えるヒマがないようだ。

【人生訓として是非いただきたい！　ひと言】

「バカだから、頭が利口になったんだ」（ヤエノさん）

若い頃は子育てに苦労したそうだ。でも、母親として、子供のために精一杯生きた時期でも、お酒やタバコ、パチンコなどもどんどんやる、そんな豪放な一面もある肝っ玉母さんだったヤエノさん。

ある日スガワラさんに「調子はどうだい？」と聞いてきたので「いやあ相変わらず色んな所でバカばっかりやってますよ」と答えたら、それに対するひと言。

日頃色んな施設で頑張っているスガワラさんに対して、実に愛情あふれる言葉である。

「女に謝《あやま》れるってのは、立派だよ」（トシイさん）

これもスガワラさんが受けたひと言。

施設の女性スタッフから頼まれていた用事を、うっかり忘れていたスガワラさん。その女性から指摘を受けて平身低頭で謝っている様子を見て、その後に出たひと言。

これもスガワラさんを息子のように思う心から放たれた、母のような慈愛に満ちた言葉だろう。

「誰かが見てると思うから、頑張れるんだよ」(ヨシオさん)

ヨシオさんも、若干脚が不自由な利用者だ。日中施設で過ごす中で、歩行練習をする時間がある。

平行棒を2本並べて、棒を両手で1本ずつ支えながらその間を歩いて通り抜ける、という練習をしていた。実際、脚の自由がきかない状態でそういった歩行練習をすることは、とても大変なことだ。体力もさることながら、気力が続かないとできない。

でもそんな練習を毎回頑張っているヨシオさんにスタッフが声援を送ったら、練習終了後にヨシオさんから返されたのが、このひと言。

いかがだろうか。

ノートには、ここでは紹介しきれないほど素敵なひと言が、まだまだたくさんちりばめられている。

他にもいくつか紹介しよう。

「一歩を踏み出さなければ、二歩にはならない」（アキラさん）

「『ちょうど良い時』は、そのときによって違う」（イトさん）

「安全パイばかり揃えてもあがれない」（キョウジさん）

「人は、迷惑をかけずには生きられない」（サツキさん）

「途中でやめるのも、楽しみのひとつじゃない？」（ヨシさん）

「昔から老人じゃないけどね」（トシさん）

「いつも上手くいってちゃ、面白くないんじゃない？」（アイコさん）

「いちばん幸せだと、思ってりゃいいのよ」（ヨシコさん）

「泣いても笑っても同じ人生なら、笑ってるほうが幸せじゃない？」（タカコさん）

「また明日、生きて会いましょうね」（ヨシノさん）

若造ではとても言えそうにない、素敵な格言の数々。

そしてそんな宝物のようなひと言ひとことを、日々たくさんくれる利用者たち。スタッフが、利用者たちを「お師匠様」と思うことも、むしろ当然だろう。

介護施設とは、人生を起承転結で例えれば、おそらく「結」の時代に利用する場所だ。客観的に見て、利用者たちの人生は、若い人たちに比べて「終わり」が近いのは間違いないだろう。人生を「残り」の方から見れば、そのことは残念なことかもしれない。ひょっとして、それは若い人よりも残りの人生という「価値」が少ないように映るかもしれない。

でも、これまでの歩みの豊かさに関して言えば、若い人は高齢者には全く歯が立たない。だから、そこから若い人たちが学ぶべきことは際限なく多い。

日々、利用者から「学び」をいただくこと。その分だけ自分の人生が豊かになること。介護施設で働くということは、そういうことなのかもしれない。ソレアードの人たちを見ていると、その幸せの意味が、少しだけ分かるような気がするのだ。

そんな幸せなソレアードが、これからもずっと、幸せなまま続くこと。

それはひょっとして、奇跡なのかもしれない。

でも、その奇跡が実現することを、僕は切に願っている。

了

あとがき

いうまでもないが、この物語に登場するソレアードという介護施設は、実在している。

本書の「介護施設の花嫁」というタイトルは、もちろん第1章に登場いただいたヨウコさんをイメージしたものだ。

でも、もうひとつの思いも込めている。

介護施設には、多くの女性職員が働いている。むしろ女性職員に支えられている職場といっていい。それはソレアードも一緒だ。でも僕が見る限り、ソレアードの女性職員の皆さんの頑張りようは、ちょっと圧倒されるくらいの凄さなのだ。

第1章に登場したチエミ施設長や若いリサさん。第3章に登場した職員の皆さん。第4章に登場した看護を総括するサチコさんや、サカイさんを見送ったカズミさん……。

どの方も、介護という職業と、ソレアードという施設に誇りを持っている。そしてそれぞれの仕事に身を賭《と》して、全力で臨んでいる。その姿は、僕にはまるで、ソレアードという施設に「お嫁入り」したようにも見えるのだ。そんな皆さんへの敬意を込め、ソレアードを支える全ての女性職員を象徴する意味で「花嫁」という言葉をタイトルに冠《かん》してみた。

介護施設という事業所は、全国に数多く存在する。社会福祉法人という、法律に基づく特別な法人が運営する特別養護老人ホームといった施設もあれば、純粋に民間資本で運営する株式会社形態の事業所もある。ソレアードは後者だ。経営母体は民間の株式会社である。

そのような民間の介護業者たちは、現在とても厳しい状況に置かれている。事業の元となる介護保険法は、３年に一回の条件改正があり、それにより各事業所の収益面（売上単価）が決まってしまうのだ。その条件改正は、最近では新しく出るたびに、業者にとって厳しいものになっている。高齢者の増加に、介護保険の制度や財務上の余裕などが追いついていないからなのだろう。

一方で、行政側の方針として、特別養護老人ホームのような施設は増設ムードだ。

そうなると、民間介護業者は、なお一層厳しい経営環境に身を置かれることになる。

その中で、改めて自分の顧問先であるソレアードをよく観察してみると、確かに介護は楽に儲《もう》けられるような業種ではないと思う。でもその会社の価値は、数字だけで語れるものでもないはずだ。

そんなことを思いながら、本書を執筆した。そういう意味では、自分の中での執筆の動機は、ソレアードの話を通じた介護業界に対する提言でもある。

厳しい介護業界だけど、一見風変わりなエピソードばかりの施設が、ひとつくらい存在していてもいいでしょう、という思いを、少しでも共有できれば幸いだ。

ちなみに、ここに登場する人たちや、犬・猫たちにも、それぞれモデルがいる。ただ、介護施設の話ということもあり、モデルとさせていただいた方々の中には、既に亡くなられている方も多い。亡くなられた方に、本書への記載に承諾いただくことは不可能だ。ゆえに本書は、事実に基づくフィクションとさせていただいた。

しかし〝限りなく事実に近い〟フィクションであることは、申し添えておきたい。

実は、本書を執筆することになったのは、ソレアードの代表である伊藤さんからの問いかけがきっかけだ。

「ウチのこれまでの歩みを、本にして残せないだろうか。日頃頑張っているウチのスタッフへのプレゼントにしたいんだ……」

と相談されたのだ。

少し考えたが、この会社を近くで見てきた僕が書くのが一番だと思い、執筆を決めた。

でも、その結果、長年付き合ってきた自分の顧問先が持っている、信じられないほどの素晴らしさを発見することができた。伊藤代表がくれたきっかけのお陰で得た、そんな幸せを今、僕自身が噛み締めている。

そして、この場を借りて残念なお知らせがある。

本書の第2章で登場したダイちゃんのモデルとなった犬が、このあとがきを入稿する直前、息を引き取った。ずっとこの本の執筆をサポートしてくださっていたソレアードのエンターテインメント主任・菅原さん（第4・5章に登場した『スガワラさん』のモデル）が、電話で教えてくださったのだ。ダイちゃんの訃報を聞いて、第2章の内容を書き換えようか、少し悩んだ。でも僕の中のダイちゃんは、施設の周りを元気に散歩していた姿だ。だから、書き直すことなく本書を完成させることにした。

ダイちゃんの最期も、ちょっとしたドラマだったそうだ。このあとがきで紹介したい。

亡くなる前の夜、いつもはゲージの中では静かに横たわっているダイちゃんが、なぜかずっと立っていたそうだ。

翌朝、たまたまいつものドッグフードが切れていたので、施設のお世話当番のスタッフがオリジナルのご飯をつくってあげたら、おいしかったようでペロッと完食した。

でも、その少し後で様子を見に行ったら、ダイちゃんは静かに息を引き取っていたそうだ。

「『役割』を終えたダイちゃんのことを、コサカさんが迎えに来た。そんな感じの最期でしたよ……」

菅原さんから、そのような感想を聞かされた。

僕は、公認会計士という職業にありがちな現実主義者だ。超常現象の類には全く鈍感だし、霊感といったものも皆無だ。

でも、このダイちゃんの最期のことだけは、思うことがある。

もしダイちゃんが役割を終えたというのなら、その役割というのは、本書の執筆完了を見届けることなんじゃないか。それをちゃんと見届けたダイちゃんを、コサカさんが「ごくろうさん」といいながら迎えに来たのではないだろうか。

そんな風に、なんとなく思っている。

ダイちゃんは亡くなった後、花や、大好きだったいつものドッグフードと一緒に棺に納められた。そして施設内の各フロアを周回し、かわいがってくれた利用者一人ひとりに最後のお別れを告げて、荼毘《だび》にふされていった。僕は立ち会えなかったが、後で見せてもらった棺の中のダイちゃんの写真は、とても穏やかな顔をしていた。寂しかったが、皆に愛されて旅立っていったことが良く分かった。ダイちゃんのご冥福を、そしてまたコサカさんと一緒に安らかに眠れることを、心から祈っている。

最期に、本書執筆のきっかけをくださったソレアードの伊藤代表をはじめ、ソレアードの歴代スタッフ、ご利用者の皆様、ダイちゃんやネコたち、全ての関係者の方々に改めて感謝の意を表して、筆をおきたいと思う。

平成28年初夏

八上俊樹

＜ソレアードについて＞（平成28年7月現在）

株式会社ウェルフェアクリエイション

埼玉県さいたま市北区土呂町2丁目10番地28
TEL: 048-660-3788　FAX: 048-660-3789
info@soleado.jp
http://www.soleado.jp

設立	平成15年8月26日
代表取締役社長	伊藤龍治
資本金	2億7,200万円
従業員	239名（正社員58名　パート181名）
業務内容	居宅介護支援事業、通所介護事業、認知症対応型共同生活介護事業、短期入所生活介護事業

【施設一覧】

ソレアード新白岡（デイサービス、グループホーム）
〒349-0212 埼玉県白岡市新白岡8-12-3

ソレアード鴻巣（デイサービス、グループホーム）
〒365-0027 埼玉県鴻巣市上谷141-1

ソレアード幸手（グループホーム）
〒340-0113 埼玉県幸手市幸手3799-8

ソレアード久喜（デイサービス、ショートステイ、居宅介護支援）
〒346-0012 埼玉県久喜市栗原1-15-10

ソレアード戸田（デイサービス、ショートステイ）
〒335-0031 埼玉県戸田市美女木8-21-17

ソレアード行田（ショートステイ）
〒361-0044 埼玉県行田市門井町1-32-1

お問い合わせは、本社土呂事務所（9:00-17:00）
TEL: 048-660-3788

<著者紹介>
八上 俊樹（やがみとしき）
公認会計士
ティニエント合同会社代表社員
株式上場支援をはじめ、主に中堅企業・ベンチャー企業の成長発展のサポートを数多く手がける。
趣味は空手（初段）、バイク、スノーボード、バンド活動など。

介護施設の花嫁
～「愛」と「笑い」の場 ソレアード物語～

発行日：2016年 8月 2日 初版発行
　　　　2016年11月19日 第2刷発行
著者：八上俊樹
編集：下良果林
イラスト：杉野晴美
装丁・DTP：Mio Silvey

発行者：牛田肇
発行所：武蔵野デジタル出版㈱
〒180-0004 東京都武蔵野市吉祥寺本町 1-26-4 i-office 吉祥寺
電話 0422-28-4331 FAX0422-21-0330 URL http://ms-dp.com

発売所：㈱星雲社
〒112-0005 東京都文京区水道一丁目 3-30
電話 03-3868-3275

ISBN978-4-434-22265-8